Dedico este libro a la memoria de la voz
eterna de mi abuelo, Luis A. Navarro,
la cual vibra en cada latido de mi corazón.
También lo dedico a la voz dulce
y bondadosa de mi abuela,
Dolores Navarro, la cual jamás se apagará.

EL *arte* DE LA MALA COMUNICACIÓN

Cómo eliminar el coraje de sus relaciones interpersonales de una vez por todas

Dr. Eduardo L. López-Navarro

EDITORIAL TRILLAS

México, Argentina, España, Colombia, Puerto Rico, Venezuela ®

Catalogación en la fuente

López-Navarro, Eduardo L.
    El arte de la mala comunicación : cómo eliminar
el coraje de sus relaciones interpersonales de una vez
por todas. -- México : Trillas, 2000 (reimp. 2008).
    159 p. : il. ; 23 cm.
    Incluye índices
    ISBN 978-968-24-5925-2

    1. Comunicación. 2. Relaciones interpersonales.
3. Conducta de vida. I. t.

D- 302.2'L247a   LC- HM258'L6.3   3286

División Administrativa
Av. Río Churubusco 385
Col. Pedro María Anaya, C. P. 03340
México, D. F.
Tel. 56884233, FAX 56041364

División Comercial
Calzada de la Viga 1132
C. P. 09439, México, D. F.
Tel. 56330995
FAX 56330870

www.trillas.com.mx

Miembro de la Cámara Nacional de
la Industria Editorial
Reg. núm. 158

Primera edición SS
ISBN 978-968-24-5925-2
⊕(ST, SM)

Reimpresión, 2008

Impreso en México
Printed in Mexico

Introducción

La vida es una colección de lecciones, todas listas para ser aprendidas por aquellos que desean crecer, superarse y enriquecerse. Aprender estas lecciones es opcional; a nadie se le requiere ni se le exige adquirir este conocimiento. La vida es un banquete de posibilidades. Yo creo que nacer es similar a la acción de entrar por primera vez y accidentalmente a un banquete tipo *buffet*. En él encontramos una variedad de mesas, cada una con gran cantidad de platillos, algunos simples, como arroz blanco o papa al horno, y otros más complicados como la paella o un sabroso pozole. En otras mesas encontramos las ensaladas, para aquellos que cuidan su figura y su peso, tanto por razones de salud, como por costumbre o vanidad. Aun en otras están los panes, los postres, las especias; todo absolutamente disponible para ser consumido, absorbido y obtenido por cualquier persona que lo desee. Obviamente que todos somos diferentes y tendemos a escoger diferentes combinaciones de alimentos cuando pasamos por el buffet. Algunas personas comienzan con la ensalada, luego con un plato fuerte y finalmente con el postre, mientras que otras comienzan con la sopa, luego la ensalada, el plato fuerte y un postre. En fin, las posibilidades son infinitas. Igualmente sucede con las opciones y posibilidades que la vida pone a nuestra disposición.

La vida está llena de posibilidades; en nuestras manos está alcanzarlas.

Qué escoger y qué elegir del banquete de la vida, depende de muchas cosas. Una de ellas es la importancia que nuestros padres nos inculcaron sobre la necesidad de perseguir sueños e ideales. Aquellos padres que invirtieron tiempo e interés en despertar en sus hijos el deseo de la superación, de perseguir sueños y de mantenerse firmes a éstos, probablemente criaron hijos dispuestos a trazarse metas, a forjar y realizar sueños y a alcanzar el éxito, sea éste cual sea. Los ejemplos que sucedieron a nuestro alrededor durante la infancia también influyeron en este proceso. Si sólo fuimos expuestos a personas cuyas disposiciones eran de no luchar y de restringir sus posibilidades, asumiendo posiciones pasivas, nuestro deseo de tomar decisiones activas estaría afectado por estos ejemplos. De igual manera, si vivimos rodeados de personas enfocadas en mejorar sus vidas y de explorar todas las avenidas del crecimiento personal, nuestras posibilidades de tomar mejores decisiones conducentes al éxito, serán más altas. Desde luego que las condiciones económicas de nuestra familia determinan en mucho qué tantas opciones tenemos, cuántas lecciones están a nuestro alcance y qué podemos hacer para obtenerlas. Sin embargo, el factor que impacta más a nuestra determinación de aprender estas lecciones, es nuestra propia motivación individual y nuestro deseo de superación y crecimiento personal.

Muchas de las lecciones que la vida nos brinda están disponibles, desde muy temprano, en el desarrollo del ser humano. El secreto está en buscar cuidadosamente detrás de cada incidente, de cada situación, la lección escondida que cada una posee. Creo con gran seguridad y certeza que, como seres humanos, tenemos la capacidad de probar cualesquiera de esos platos dentro del buffet de la vida. Esto quiere decir que poseo la firme convicción de que detrás de cada evento y situación que se nos presenta, existe una lección buscando ser aprendida. Me encontré con una de estas lecciones hace muchos años atrás, cuando era apenas un niño, jugando en las calles de mi país. En mi libro *Voces: Escuchando más allá de las palabras*, explico con gran detalle mi primera experiencia acerca de la mala comunicación, y cómo llegué a comprender la forma en que este fenómeno se manifiesta. Durante esa etapa logré comprender cómo dos personas que se hieren el uno al otro y que nunca expresan el dolor emocional causado por estas heridas, jamás logran establecer ni mantener la buena comunicación. Lo que siempre sucede es que terminan como partícipes en una competencia por poder y desquite; una competencia indiscriminante, cruel y dañina. Fue a los nueve años de edad cuando opté por aprender de esta lección que la vida me ofrecía, y fue mediante constantes discusiones y desacuerdos con el vecino de la casa de enfrente, un niño de mi misma edad, como aprendí sobre las competencias por control, las peleas por poder, las heridas emocionales y las "pedradas" que todos utilizamos cuando nos sentimos atacados, fuera de control e inseguros sobre nuestros propios valores. Cada vez que este niño y yo discutíamos, entrábamos en una batalla, buscando ser el ganador. Como armas, comenzábamos usando palabras, insultos y frases fuertes que juzgaban y criticaban a nuestras familias o a nuestro físico. Con cada intercambio de frases, el grado del insulto crecía, al igual que el del coraje interno. Cuando los insultos y las palabras no eran suficientes para desquitar el coraje, utilizábamos piedras reales. Por lo mismo, cuando nuestro coraje aumentaba, también aumentaban el tamaño y peso de las piedras que nos lanzábamos, hasta que acabábamos dañando el techo de nuestra casa o, peor aún, ventanas y puertas. Nuestras discusiones y desacuerdos eran escapes de coraje por viejos resentimientos, causados por desacuerdos del pasado que nunca se habían resuelto. En aquel entonces, un desacuerdo entre dos niños tenía su origen en cosas insignificantes. Por ejemplo, discutíamos por el color de las canicas que utilizábamos (las de él eran siempre más brillantes, pero más pequeñas, mientras que las mías eran más grandes pero les faltaba ese brillo que tanto me atraía).

La lección más importante que aprendí mediante mis experiencias con estas guerras de piedras, fue que las personas que tratan de comunicarse a nivel de coraje, en vez de compartir y discutir los desacuerdos expresando sus sentimientos, terminan atrapados en estas guerras de palabras, y se pasan la vida tirando piedras de un lado a otro. Estos individuos pueden ser calificados como malos comunicadores.

Es común en los malos comunicadores lanzar piedras. Éstas tienden a ser de diversas formas, tamaños y pesos. Por ejemplo, hay piedras en forma de *insultos* leves, como la palabra "tonto", "feo", que es un insulto moderado; o "incompetente", que se tomaría como un insulto severo. Las *frases acusadoras* también pueden ser utilizadas como piedras: "Tú me molestas", podría ser una pedrada leve; "Eres insoportable", una pedrada moderada, y "No tienes ni pizca de cerebro; no te soporto", sería una pedrada bastante severa. Hay otro tipo de piedras evidente, que se manifiesta por medio de las *miradas*. Leves, aquéllas en que los ojos se tornan hacia arriba; Moderada, la mirada de soslayo, esa atravesada, torcida y de mala intención, la que usualmente va acompañada de movimientos de cabeza, de lado a lado; Severa, la mirada aguda y penetrante acompañada de labios oprimidos, y que sirve como pedrada durante la mala comunicación entre dos o más personas.

Los *gestos del rostro* también sirven como pedradas. Por ejemplo, las sonrisas sarcásticas (sin mostrar dientes, mostrando algunos dientes o mostrando dientes y amígdalas) son frecuentemente utilizadas durante las competencias entre malos comunicadores. Los *silencios prolongados*, comúnmente llamados **el método del silencio** (con duración de algunos minutos, de algunas horas, de días y, a veces, semanas o meses), son una de las pedradas más dañinas que se utilizan, especialmente si las dos personas que están tratando de comunicarse son parte de un matrimonio. Recuerdo que durante mi infancia este tipo de pedradas era uno de mis favoritos cuando me enojaba con mi madre. Si en algún momento yo veía algún objeto que me gustaba y al pedirle a mi madre que me lo comprara, ella se negaba, yo dejaba de hablarle para demostrarle mi coraje y mi resentimiento. Esta era mi forma de hacerle saber que yo me sentía totalmente fuera de control dentro de la situación, ya que ella me había negado algo que yo quería. Para recuperar el control, yo le quitaba la capacidad de comunicarse conmigo; esta era otra forma de competir y sentirme vencedor.

Las piedras también pueden tomar la forma de *movimientos del cuerpo*. Por ejemplo, las diversas maneras de caminar pueden ser catalogadas como pedradas. En una conversación donde el coraje surge, una de las personas puede darle la espalda a la otra y caminar con la cabeza muy erguida, o caminar opuesto a la persona mientras mueve la cabeza de lado a lado, y/o haciendo señales obscenas con las manos u otras partes del cuerpo; todas éstas son diversas formas de expresión de coraje mediante acciones negativas y competitivas llamadas pedradas. No importa la forma que las piedras tomen, todas tienen el mismo propósito: herir.

El resultado final de todo aquel que cae víctima de la mala comunicación, generalmente es su inhabilidad para resolver y solucionar conflictos o desacuerdos que surgen o existen entre él y las personas con quienes tratan de comunicarse. Irónicamente, lo que sucede es totalmente lo opuesto a un proceso adecuado de comunicación. En lugar de aclarar confusiones y lograr mayor intimidad, compenetración y entendimiento entre ellos, la mala comunicación indiscutiblemente los divide y limita, haciendo imposible la interacción positiva y la intimidad.

La mala comunicación indudablemente se da donde hay coraje, nace de él y lo necesita para poder subsistir. En breve, la tendencia hacia la mala comunicación reside en individuos que retienen en su interior altos niveles de coraje y que generalmente evitan expresar sus sentimientos. La mala comunicación se manifiesta en diversas formas de coraje. Coraje viejo (resentimiento), creado por conflictos del pasado aún no resueltos, coraje actual, creado por conflictos y desacuerdos del presente, y coraje del futuro, creado por conflictos anticipados; todos conducen a la creación de un sistema de mala comunicación. Sin coraje, la mala comunicación no sobrevive.

Como seres humanos, todos somos malos comunicadores, hasta cierto grado. Dado que esto es un fenómeno universal, generalmente la mala comunicación no representa un grave peligro si sólo sucede ocasionalmente y de forma moderada. Sin embargo, aun moderadamente, ésta tiene el potencial de arruinar relaciones y de crear tensión en aquellas personas que no están conscientes de que funcionan dentro de un sistema de comunicación inadecuado. En sus formas más severas, los daños tienden a ser devastadores. Según el grado en que la mala comunicación va incrementándose, nuestra habilidad para reconocer e identificar lo que estamos haciendo disminuye. Como resultado, terminamos parcialmente ciegos a nuestros problemas. En estos casos, somos poseedores de un punto de vista restrictivo y limitado, de acuerdo con nuestra realidad. Esto suele tener consecuencias significativamente destructivas, las cuales generalmente culminan en la disolución de relaciones interpersonales.

Así como la buena comunicación es un arte que requiere de mucha práctica, desarrollo y desenvolvimiento, la mala comunicación también es un arte multifacético, con procesos definidos y estructurados. Sin embargo, es un arte que debe desaprenderse, de otro modo, éste suele ser como un cáncer que extingue relaciones, hiere sentimientos y fomenta el coraje, el cual finalmente consume a las personas y las conduce a la amargura y al estado negativo de sentimientos "fermentados."

Este libro explora detalladamente la base de la mala comunicación, así como sus debilidades y trucos manipulativos. Se examina e identifica el cuadro caracterológico de las personas que consciente o inconscientemente terminan víctimas de este doloroso proceso, el cual conduce al peligroso y destructivo juego de lanzar piedras. Este libro también conducirá al lector a identificar, comprender y manejar sus sentimientos de forma confortable y sana, descubriendo los modos incorrectos de comunicación que ha utilizado durante su vida. También logrará identificar a aquellas personas que tienden a utilizar sistemas de mala comunicación y como resultado, se han convertido en expertos lanzadores de piedras. Asimismo, distinguirá los diferentes tipos de piedras que se utilizan durante el proceso de la mala comunicación. Esta lectura le permitirá reconocer, en aquellos que lanzan pedradas, las razones y estrategias que los impulsa a elegir los diferentes tipos de piedras que forman sus arsenales. Le ofrecerá también sugerencias, técnicas y destrezas para mejorar la comunicación entre adultos, así como entre padres e hijos, especialmente en el área de la disciplina.

Este libro sirve como una herramienta, una serie de técnicas y destrezas para aquellos que actualmente forman parte de una relación interpersonal caracterizada por dificultades en la comunicación, y que desean mejorarla y corregirla. Es una herramienta clara y precisa que ofrece asistencia, guía y esperanza para aquellos que sienten que nada les ha funcionado…hasta ahora.

Mientras que otros libros sobre la comunicación han enfocado sus métodos en buscar soluciones a los *síntomas* de la mala comunicación, éste gira su enfoque directamente a identificar, controlar y erradicar las *causas* de la comunicación inadecuada. Ya que es más importante corregir la(s) causa(s) y no los síntomas, porque así se conduce a cambios positivos y permanentes. Finalmente, este libro ofrece sugerencias y técnicas para enseñarle a los niños a desarrollar un vocabulario de sentimientos que eventualmente serán la clave en la prevención del desarrollo de la mala comunicación durante su vida de adultos.

Cada ser humano tiene la capacidad de mejorar sus técnicas de comunicación. Todo lo que se requiere es su deseo de emprender este breve viaje de descubrimiento. Yo lo invito a usted, lector, a hacer este viaje conmigo.

Agradecimientos

Este libro es el producto de un sinfín de experiencias coleccionadas durante muchos años, tanto de práctica profesional como de condición existencial. Las historias y vivencias de muchas personas han sido incorporadas de forma sutil para darle vida a sus páginas. Gracias a todas aquellas personas que han pasado por mis grupos de apoyo, en busca de esperanza; cada una de ellas ha enriquecido mi vida profesional, así como mi vida privada. Gracias a mis padres, Eduardo y Alicia López, por haber sembrado en mí el deseo de aprender y de expandir mi mente constantemente. Gracias a ellos no existen limitaciones ni barreras que no pueda conquistar. Gracias a mi hermano Luis E. López, por no darse por vencido, y por darme la oportunidad de intercambiar rosas con él. A Coco Aguilar, quien me ha dado cuatro joyas: mis sobrinos Alixandia, Sebastián, Xavier y su cariño; gracias por esos regalos tan preciosos. A mi tío Jorge Navarro, mi cariñosísimo agradecimiento por su paciencia y sabiduría; creo que por fin lo encontré. A Mario A. Carrillo le agradezco su paciencia y su apoyo incondicional, al igual que sus palabras alentadoras que siempre me han servido para desarrollar y realizar muchos de mis sueños. A mi primo Luis M. Navarro, por ser una enciclopedia de talento y de amor. A mi vecino de la infancia le agradezco su amistad, ya que gracias a ésta, surgió este libro. A mi editora, Lic. Priscila Harfush, su profesionalismo, sus detalles e innumerables atenciones son infinitamente agradecidos. Es un honor compartir esta labor con usted. Y a todos aquellos que de alguna forma u otra han influido mi vida positivamente, mi más sincero agradecimiento. Que siempre podamos compartir del banquete de la vida.

Índice de contenido

Introducción   5
Agradecimientos   11

Cap. 1. Los sentimientos vienen primero   17
La represión de sentimientos, 17. La importancia de
los sentimientos, 20. La relación entre el dolor emocional y el coraje, 22. Dolor físico, 25. Dolor emocional, 27. Reprimiendo el coraje, 31. Perspectiva, 34.
Sugerencias, 35.

Cap. 2. Buena o mala comunicación   41
La buena comunicación, 43. Filtros, 44. Sugeren-
cias, 47. La mala comunicación, 53.

Cap. 3. Lanzar piedras   57
El desarrollo del proceso de lanzar piedras, 59. Qué
piedras utilizar, 66. Tipos de piedras, 69. Sugerencias, 73. La influencia de los filtros, 82. La relación
entre el control propio y el coraje, 83. Sugerencias,
85.

Cap. 4. Agendas ocultas   87
Resolviendo agendas ocultas, 93. Lidiando con los
fantasmas, 95.

Cap. 5. La diferencia está en la personalidad   99
La controversia del "yo" contra el "ellos", 99. El posi-
tivo-interno-positivo-externo, 100. El positivo-inter-

no-negativo-externo, 101. El negativo-interno-posi-
tivo-externo, 102. El negativo-interno-negativo-ex-
terno, 104. Sugerencias, 105.

Cap. 6. Peleas por el poder   **107**
La búsqueda del control, 107. Tipos de peleas, 108.
Peleas por el poder entre los niños, 112. Sugeren-
cias, 114. Un consejo amistoso, 114.

Cap. 7. Disciplina sin dolor   **117**
La influencia de la buena comunicación en las peleas
por el poder, 118. Las metas básicas de la disciplina
sin dolor, 119. Razones del mal comportamiento en
los niños, 120. La influencia de la disciplina en los
niños, 122. Los nueve deberes, 122. Procedimiento,
125.

**Cap. 8. Cómo enseñar a los niños el lenguaje de los senti-
mientos**   **131**
Método de enseñanza, 132. Por medio de dibujos,
132. el inventario de los sentimientos, 135. Adultos,
hijos de malos comunicadores, 143.

Cap. 9. Sí hay esperanza   **145**
Las paredes se construyen con piedras, 146.

Cap. 10. Poniendo todo en perspectiva   **153**

Índice analítico   **155**

Hechos de Piedra

Cabezas de piedras, piernas de piedras,
brazos de piedras, manos, pies;
corazones de piedras.
Corazones que ningún cincel puede tallar,
piedras que rompen ventanas
y destrozan sueños.

Los sentimientos vienen primero

Todo ser humano tiene la capacidad de sentir emociones y sensaciones como felicidad, dolor, placer, satisfacción, tensión y coraje en varios niveles. Estos sentimientos son parte de nuestra realidad y experiencias cotidianas. Sin embargo, para muchas personas, el proceso de permitirse sentirlos se convierte en algo sumamente mecánico y automatizado, que a veces se percibe como algo negativo o, aún más, como algo dañino. Como resultado, estas personas llegan a creer que carecen de la capacidad de expresión. Para algunos se convierte en algo fácil y práctico desconectarse de sus propios sentimientos y emociones, de este modo minimizan el impacto, el efecto y la importancia de sus experiencias. Estas personas logran colocar sus sentimientos y emociones a nivel inconsciente para que éstos no desempeñen un papel dominante en sus vidas, lo cual los conduce a no tener que enfrentarse a una realidad que reconoce y valida la presencia de tales sentimientos. Es muy común para aquellos que viven esta realidad afirmar que no están conscientes de poseer sentimientos. Muchos profesionales catalogan este fenómeno como la "represión de sentimientos al inconsciente".

LA REPRESIÓN DE SENTIMIENTOS

Dos razones generalmente justifican el acto de remover sentimientos de un nivel consciente para colocarlos o traspasarlos a un nivel menos accesible y más inconsciente. Primero, comúnmente sucede que tener que enfrentarse a la existencia de sentimientos se convierte en una actividad tediosa para aquellas personas que no

17

comprenden la importancia que desempeñan éstos en la vida cotidiana. Estas personas usualmente consideran que su vida está lo suficientemente agobiada por preocupaciones y problemas para tener que añadir a ésta el peso adicional de los sentimientos. Vivimos en un mundo que se mueve a pasos agigantados, donde muchas personas se encuentran tan ocupadas y mortificadas con los problemas del diario vivir y sobrevivir, que mejor optan por no enfrentarse a sus propios sentimientos. Prefieren creer que si no piensan en sus sentimientos no tienen por qué preocuparse por ellos y, por tanto, no se verán afectadas por su presencia ni por los impactos que vengan anexados a ellos.

Consideremos al típico padre de familia ocupado, consumido y preocupado por la necesidad de proveerle a su familia una condición económica estable y cómoda. En su afán por lograr esta meta, dedica todo su tiempo a su empleo, cada día casándose más y más con su oficio, y divorciándose lentamente de sus hijos y de su esposa; de su papel de padre de familia. Paso a paso, día a día, este hombre se consume en la rutina de su trabajo y se ve forzado a negar sus propios sentimientos de distanciamiento, abandono y falta de intimidad con sus hijos, los cuales crecerán sin la presencia de la figura paterna. Claro que estos niños sí podrán gozar de estabilidad económica, tal vez de lujos, comodidades y privilegios, pero todo a cambio de la ausencia emocional de su padre. A aquellos padres de familia (tanto hombres como mujeres) que se hunden en este proceso de distanciamiento emocional, les llamo "padres fantasmas". Éstos existen sólo en concepto en la vida de sus hijos, pero no logran existir emocionalmente, de manera que puedan proveerles el apoyo y el cariño necesarios para su desarrollo emocional y psicológico. Estos padres se ven forzados a descartar sus propios sentimientos y sufrimientos, negando de este modo su existencia con tal de poder continuar siendo lo que ellos consideran que es ser "buenos padres".

Cuántas veces los escuchamos decir: "Yo soy un buen padre, les doy a mis hijos todo lo que quieren. Están en los mejores colegios, tienen buena ropa... qué más quieren." Ya que llegan a este nivel defensivo, donde niegan sus propios sentimientos al igual que la realidad de su situación, estos padres no logran comprender que aunque la comodidad económica es importante para una familia, es aún más importante la presencia espiritual, sentimental, emocional y psicológica del padre para sus hijos. Una aclaración: en mi ejemplo me refiero a los hombres, ya que éstos suelen pasar con más frecuencia por esta situación. Sin embargo, las mujeres no están exentas en lo más mínimo de convertirse en "madres fantasmas", sobre todo cuando son madres solteras.

¿Qué más necesitan los hijos? Necesitan un padre y/o madre que reconozca sus logros en sus estudios, sean éstos pequeños o monumentales; que comparta el tiempo con ellos cada sábado, practicando algún deporte, disfrutando de alguna actividad o de un programa de televisión; que les ponga el brazo sobre sus pequeños hombros y les deje saber que está presente, que los quiere, que se interesa por su bienestar; que se atreva a abrir sus brazos, su corazón y sus sentimientos, y que los comparta incondicionalmente. El dinero así como se obtiene se gasta, pero el amor... es indiscutiblemente esencial y no tiene precio.

La segunda posibilidad asume que, ya que tener que lidiar con sentimientos y emociones no es una tarea familiar, fácil o cómoda para algunas personas, estos sentimientos muchas veces son reprimidos y se niega su existencia para evitar las frustraciones y a veces las dolorosas confrontaciones que se presentan al tener que enfrentarlos. Tomemos por ejemplo al niño varón, al que su padre no le permite llorar cuando se golpea o es golpeado. Este padre constantemente le recalca a su hijo que "sólo las niñas, o los niños que no son hombres de verdad, lloran". Este niño posiblemente crecerá y se desarrollará reprimiendo sus sentimientos y emociones, con tal de obedecer a su padre y para probarle que él no es "niña", sino un "hombre" de verdad. Cuando este niño crezca y se enfrente a una situación dolorosa, que normalmente produce una reacción de llanto, su reacción principal será evitar a toda costa tener que desahogarse usando como punto de referencia y justificación los mensajes inculcados por su padre durante su infancia. Estos mensajes le recordarán constantemente el papel que desempeñan los sentimientos en la vida de los "hombres". Ya de adulto, esta persona llegará a sentir altos niveles de frustración al verse obligado a negar sus propios sentimientos, por miedo a sentirse menos hombre o, peor aún, sentir que decepciona a su padre. Igualmente, la niña a la que no se le permite expresar sus opiniones dentro de un núcleo familiar de varones, también va a enfrentarse a graves dificultades cuando llegue a ser adulta. Ésta crecerá y se desarrollará con la idea de que las opiniones de las mujeres son secundarias en importancia a la de los hombres. Surgirán conflictos y confusiones para esta niña cuando sea adolescente y se le exija expresar sus opiniones o tomar decisiones en la escuela; o de adulta, en su profesión, empleo o familia.

En éstos y otros casos donde una persona se encuentra frente a sentimientos o sensaciones difíciles de comprender y frecuentemente dolorosas, la opción de evitar estas confrontaciones se convierte en una grata y conveniente opción. Por consecuencia, la persona removerá estos sentimientos de un nivel consciente y los colocará en un nivel inconsciente, donde evitará la ansiedad, frustración y tensión que resulta cuando se reconoce y se confronta su existencia.

Las personas que pasan por estas situaciones, eventualmente pierden acceso a sus sentimientos y emociones por serles más fácil esconderlos y reprimirlos, creando la ilusión de que para ellas, éstos no existen. Sin embargo, a veces algunos de estos sentimientos reprimidos logran encontrar expresión, escapando entre las paredes protectoras utilizadas como defensas. Así, la persona se ve forzada a enfrentar una incómoda y extraña sensación que no conoce y que la asusta e intimida. Lo desconocido usualmente genera ansiedad, tensión y miedo. Para muchas personas, cuando se ven frente a algo desconocido y nuevo que no comprenden, en lugar de tratar de explorar y familiarizarse con ello, optan por lo más fácil: descartar lo sucedido. Por tanto, estos sentimientos y emociones reprimidos que a veces logran escaparse y encontrar expresión a nivel consciente, son llevados nuevamente hacia la inconsciencia, donde no logren volver a surgir.

LA IMPORTANCIA DE LOS SENTIMIENTOS

La importancia que merecen los sentimientos es frecuentemente minimizada. El lenguaje de los sentimientos puede ser considerado como un idioma universal, cuya maestría y dominio es esencial para llevar a cabo la comunicación efectiva, clara y precisa. No comprender este lenguaje es comparable a viajar al extranjero, a un país cuyo idioma no conocemos. Aunque logremos comunicarnos con los habitantes de ese país por medio de señas y señales, la comunicación será siempre superficial, limitada y frustrante. Del mismo modo, la comunicación que no incluye el lenguaje de los sentimientos, limita lo que deseamos trasmitir, obstruye y deforma lo que se percibe y termina siendo nada más que mala comunicación.

Es de suma importancia poder reconocer e identificar también lo que se siente. Parte del proceso de la buena comunicación requiere que se esté atento a las sensaciones y emociones que se experimentan en todo momento, así como en sintonía con las señales que el cuerpo emite. Por ejemplo, en muchas personas el miedo o la ansiedad se percibe por medio de reacciones físicas como temblores en las piernas y dolor de estómago. En otras, estas mismas sensaciones se presentan mediante sudor en las palmas de las manos, en el cuerpo, o de risas incontrolables llamadas "risas nerviosas". Existen también cambios precisos a nivel biológico y anatómico, que toman lugar en nuestro cuerpo, en respuesta a diferentes sentimientos y sensaciones. Por ejemplo, palpitaciones fuertes y aceleradas del corazón, hipertensión, rigidez en los músculos de la cara y respiración más profunda y acelerada, indican típicamente la presencia de coraje. Sin embargo, estas señales son a veces confundidas con otras causas y más frecuente aún, ignoradas. Un comentario curioso e interesante para aquellos que tratan de comunicarse cuando tienen coraje, es que muchos estudios e investigaciones demuestran frecuentemente que la represión de este sentimiento resulta en cambios y daños fisiológicos y biológicos, tales como la hipertensión, desórdenes intestinales y enfermedades o complicaciones coronarias. Estos estudios también demuestran que cuando el coraje es canalizado en forma adecuada, la presión arterial y el funcionamiento del corazón vuelvan a sus niveles sanos y normales.

Reacciones conductivas y biológicas causadas por el coraje:

- *Palpitaciones del corazón, aceleradas.*
- *Hipertensión.*
- *Rigidez de los músculos de la cara.*
- *Presión constante en el área abdominal.*
- *Cara enrojecida y caliente.*
- *Sensación de calor en las orejas.*
- *Movimientos constantes de los pies.*
- *Movimientos constantes de los dedos de las manos.*

También necesitamos estar familiarizados con los patrones de pensamiento comúnmente asociados con los diferentes sentimientos y emociones que existen en nuestra vida. Por ejemplo, muchas personas que sienten coraje también poseen pensamientos de venganza y deseo de dañar a la persona que perciben como responsable de crear el coraje que sienten. La importancia de obtener este conocimiento es que, eventualmente, éste nos transforma en personas poseedoras de una mayor capacidad para cuidarnos y de controlar nuestras reacciones y percepciones sobre nuestra realidad. Esto nos evita ser víctimas de la mala comunicación y nos convierte en practicantes de la buena comunicación.

Si logramos mayor conocimiento y acceso a las indicaciones de la presencia de sentimientos y emociones, también estaremos mejor preparados para enfrentarnos a ellos adecuadamente en el preciso momento en que surjan y no después, cuando hayan pasado por un proceso de transformación, cuyo resultado sea la dificultosa y dañina mala comunicación.

LA RELACIÓN ENTRE EL DOLOR EMOCIONAL Y EL CORAJE

Uno de los sentimientos más poderosos que todo ser humano posee es el dolor emocional. Éste puede existir bajo diversas formas, y la mayoría de las veces no se le reconoce como tal y, por tanto, se le clasifica equivocadamente. Cuando se habla del dolor emocional (pasado, presente o futuro), ansiedad (la anticipación del dolor), coraje, culpabilidad, depresión, o aun sentimientos de pérdida; generalmente es bajo alguna forma de dolor. Los sentimientos pasan por un proceso llamado **el ciclo de los sentimientos**, el cual detalla cómo el dolor emocional en el presente, eventualmente, puede llegar a transformarse y convertirse en coraje. Cuando este dolor se reprime por largos periodos, el coraje se dirige internamente y crea sentimientos de culpabilidad que deprimen a la persona, ya que ésta tiene que invertir todas sus energías en reprimir tanto la culpabilidad como el coraje.

Comprender la manera precisa de cómo el dolor emocional y el coraje funcionan juntos, ayudará a entender cómo la comunicación adecuada y la mala comunicación se interrelacionan y funcionan. En situaciones donde una persona hiere los sentimientos de otra y le causa dolor emocional, la tendencia general es la de no expresar este dolor inmediatamente después del incidente. Por lo regular, la mayoría de las personas se sienten intimidadas al tener que expresar sus sentimientos por miedo a consecuencias como ser rechazadas por los demás; existen otras que piensan que expresar sentimientos de dolor es una señal de debilidad o vulnerabilidad. En estos casos, expresar coraje (el cual no es más que dolor emocional del pasado que no ha sido expresado y procesado adecuadamente), se convierte también en el modo preferido de expresión. Toda comunicación a nivel coraje es mala, ya que todo lo que sucede en este nivel es una guerra de palabras (a la que yo llamo **pedradas**) y una disputa por el control y el poder; una competencia que busca definir e identificar quién es el más fuerte y tiene la última palabra.

En el momento en que alguien se comporta de tal forma que nos hiere o lastima, es necesario comunicarle inmediatamente lo que sentimos. Si no hacemos esto y optamos por aferrarnos al dolor reprimido, esta herida emocional tarde o temprano se transformará en coraje. Aun a nivel coraje, podemos hablar con la persona responsable de habernos herido y compartir con ésta el dolor que nos causó. Al hacerlo, logramos conectar el dolor emocional de la experiencia con el coraje que sentimos. Al poseer esta información, tenemos entonces la capacidad de comprender el origen del coraje y podemos, de este modo, llegar al grado de perdonar a la persona que nos hirió. No hacerlo hace que sigamos arrastrando toda una serie de dolores que se "fermentan" y convierten en coraje. El perdón es importante, ya que si no perdonamos, no logramos vivir en el presente, sino que continuamos atados al pasado. Sin embargo, la mayoría de las personas no se atreven a compartir lo que sienten con la persona que les causó coraje o dolor emocional. Para esta gran mayoría, es más fácil aferrarse al dolor "fermentado" y lentamente llenarse (como un globo) de dolores y corajes adicionales, y es justamente cuando están en este nivel de tensión, ansiedad y coraje, que optan por emprender o establecer comunicación; pero en este punto sólo lanzará pedradas, buscando desquitarse con la persona que lo hirió. Muchas veces se desquitan con víctimas inocentes que simplemente sirvieron como blancos de desquite.

Cuando la persona llega a este grado y opta por no compartir su dolor emocional, comienza a experimentar pensamientos negativos y de venganza hacia esa persona. Estos sentimientos crean un gran sentido de culpabilidad, ya que entran en conflicto directo con las creencias morales del individuo. Aun aquí existe la posibilidad de reparar los daños. La persona con coraje puede compartir con aquel que causó el dolor, sus sentimientos de culpabilidad, sus ideas de venganza, su coraje y, más importante aún, su dolor emocional. De nuevo, el perdón a este nivel sería el agente catalítico que sanaría esta relación dañada. Si se opta por seguir reprimiendo sentimientos y emociones, eventualmente la persona que fue originalmente herida, buscará formas de mantenerse equilibrada y libre de las tensiones causadas por todos los eventos traumáticos que han sucedido hasta ese punto. Para lograr esto, la persona utilizará todas sus energías emocionales para cubrir y reprimir sus ideas de venganza, de culpabilidad, de coraje y, finalmente, su dolor emocional. Esto requerirá de un esfuerzo tan enorme que la persona consecuentemente caerá en la depresión. Como ya se imaginará, aun a nivel de depresión se puede sanar esta situación con la persona responsable de causar todo este daño, al contarle como se siente y llegar a lo más importante (la raíz del problema): el dolor emocional. Obviamente que es innecesario llegar hasta aquí, ya que el problema tiene solución desde el primer momento.

El esquema de la página siguiente muestra la manera en la que los sentimientos no expresados adecuadamente se van "fermentando" con el tiempo y eventualmente se convierten en coraje.

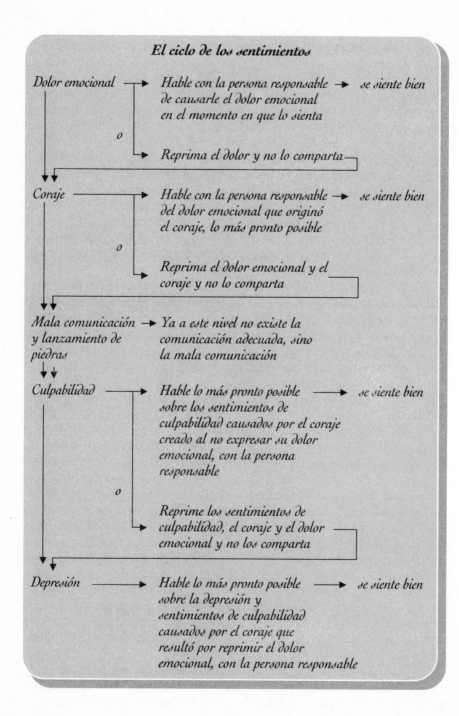

El ciclo de los sentimientos

Dolor emocional → Hable con la persona responsable → se siente bien
de causarle el dolor emocional
en el momento en que lo sienta

o

→ Reprima el dolor y no lo comparta

Coraje → Hable con la persona responsable → se siente bien
del dolor emocional que originó
el coraje, lo más pronto posible

o

→ Reprima el dolor emocional y el
coraje y no lo comparta

Mala comunicación → Ya a este nivel no existe la
y lanzamiento de comunicación adecuada, sino
piedras la mala comunicación

Culpabilidad → Hable lo más pronto posible → se siente bien
sobre los sentimientos de
culpabilidad causados por el coraje
creado al no expresar su dolor
emocional, con la persona
responsable

o

→ Reprime los sentimientos de
culpabilidad, el coraje y el dolor
emocional y no los comparta

Depresión → Hable lo más pronto posible → se siente bien
sobre la depresión y
sentimientos de culpabilidad
causados por el coraje que
resultó por reprimir el dolor
emocional, con la persona responsable

DOLOR FÍSICO

El ejemplo siguiente ilustra una situación que muestra la manera en que este ciclo de los sentimientos funciona. En este caso el dolor es físico y no emocional, y se expone mediante una situación donde la persona herida no decide expresar lo que siente, hasta estar a nivel de coraje. Esto da inicio a la mala comunicación.
Ejemplo:

Una señora espera el autobús en una parada de la ciudad. Cerca de ella, un trabajador público limpia la acera con aire a presión, provocando que el polvo de la calle le entre en los ojos a la señora, cada vez que se le aproxima.

Diálogo	Comentarios
MUJER (Diciéndose a sí misma, luego de que le entra polvo en sus ojos por primera vez): –¡Ay! ¿Qué es esto?	El sentimiento o emoción que siente es de sorpresa y no de coraje. Ya que el incidente es bastante desagradable, sería buena idea informarle al trabajador sobre lo sucedido y pedirle que tenga más cuidado.

Aún sintiendo incomodidad y molestia en sus ojos, la señora opta por no decir nada, esperando que la situación no se vuelva a repetir. Unos minutos después…

Diálogo	Comentarios
MUJER (Después de que el trabajador se acerca de nuevo, levantando aún más polvo, ella vuelve a decirse, pero esta vez en un tono de voz más alto): –¿Qué le pasa a este hombre? No puedo creer que esté haciendo esto y que no se dé cuenta. ¿Está loco o qué?	La sorpresa ha dejado de ser el sentimiento principal. Un bajo nivel de coraje comienza a detectarse. Aún aquí es buena idea hablar con el trabajador.

La señora, dándose cuenta que esto puede volver a suceder, trata de apartarse lo más posible del área donde está trabajando el hombre. Sin embargo, él continúa desempeñando su labor descuidadamente y logra repetir por tercera vez este molesto incidente.

26

Diálogo	Comentarios
MUJER (Mirando al hombre directamente a su cara, y en voz alta, resonante y con coraje, le dice): ─¡Escucha estúpido! ¿Estás ciego acaso? ¿No puedes ver lo que estás haciendo? Sigue haciéndolo y verás. ¡Menso!	Muy enojada, la señora ha empezado a hablar y, por tanto, está practicando la mala comunicación. Si se entablara, algún tipo de diálogo entre ellos sería en guerra de palabras. Aunque aquí la comunicación es sólo por parte de la señora, es evidente que ella comienza a lanzar pedradas.

El siguiente ejemplo muestra la manera apropiada en que la situación anterior debió haberse desarrollado. En lugar de reprimir y retener los sentimientos y emociones relacionados con el dolor (molestia en los ojos), la señora debió haber expresado su dolor e incomodidad al trabajador inmediatamente después de que sucedió el incidente. No haberlo hecho, dio lugar a que los sentimientos se reprimieran y se transformaran. El resultado fue el coraje. La comunicación así se manifiesta en forma de guerra de palabras, más conocida como "pedradas".

Ejemplo:

M: Mujer
H: Hombre

Diálogo	Comentarios
M (A sí misma, después de que el polvo de la calle entra en sus ojos por primera vez): ─¡Ay! ¿Qué es esto? (dirigiéndose al trabajador, le dice). ─Discúlpeme señor, está usted levantando polvo y me entró en los ojos. Tenga un poco más de cuidado, por favor.	El sentimiento es la sorpresa y no el coraje. Expresar el sentimiento de molestia en el momento en que ocurre, permite que tome lugar el sentimiento adecuado. Aunque la situación sea algo incómoda, el sentimiento que se expresa es de incomodidad y/o dolor, pero no de coraje.
H: ─Discúlpeme, no me había dado cuenta que estaba usted tan cerca de mí.	El reconocimiento de culpabilidad y/o responsabilidad por la persona que origina el problema, generalmente ayuda a disolver el sentimiento de coraje que pueda surgir. Esto valida y reconoce los sentimientos de la otra persona en forma positiva.
M: ─Gracias.	

Al cabo de algunos minutos, el trabajador vuelve a acercarse a la señora, ocasionando que le vuelva a entrar polvo en los ojos.

Diálogo	Comentarios
M: —¡Oiga, usted ya se está pasando! ¿O no? Ya le pedí que tuviera cuidado con lo que estaba haciendo. Si no tiene más cuidado, voy a llamar a la oficina de su supervisor, y lo voy a reportar por grosero y descuidado. No se lo vuelvo a repetir, ya se lo he dicho varias veces, ¿me entendió?	De nuevo, la expresión directa de incomodidad es utilizada como forma de lidiar con esta situación, aunque los sentimientos y emociones son más intensos por falta de resolución.
H: —Discúlpeme seño, de veras. Le aseguro que voy a tener más cuidado. No vuelve a suceder... palabra.	Hay ocasiones en que decirle a la otra persona, que es responsable por herir nuestros sentimientos, debe hacerse varias veces. Esto facilita que ésta se dé cuenta de lo que sucede y eventualmente reaccione tomando alguna acción positiva que lleve a la resolución del conflicto.

DOLOR EMOCIONAL

La forma en que funcionan los sentimientos después de un dolor o una herida física es igual a la de los sentimientos de un dolor emocional. El ejemplo de la página siguiente muestra claramente cómo este dolor logra encontrar expresión por medio del coraje. Si se acumula suficiente rabia de rencillas del pasado, esto puede conducirnos a reaccionar en forma descontrolada, cuyo origen está en el coraje. En estos casos, lo que realmente suele suceder es que conflictos pasados que no han sido resueltos y que han producido cierto nivel de dolor emocional, constantemente buscan expresión y escape. De este modo, es fácil comprender que la vida de aquellas personas que optan por no expresar sus sentimientos, ni su dolor emocional, se ven afectadas directamente por estos conflictos que no han sido expresados adecuadamente. Esto atrapa a la persona, ocasionando que viva en el pasado, y lo imposibilita para que llegue a tener una vida plena y satisfecha, donde su enfoque sea en el presente.

Enseguida se muestra un ejemplo de una guerra entre una pareja de casados que utilizan la mala comunicación. El esposo, que carece de la capacidad para expresar dolor emocional, reprime sus sentimientos, creando todo un depósito de dolor emocional dentro de sí mismo, el cual con el tiempo "fermenta" y se convierte en coraje. Cuando este señor se enoja lo suficiente, su enojo sirve como catalizador para que el dolor emocional reprimido encuentre expresión y desahogo por medio del coraje. Dada esta situación, ambos miembros de la pareja se convierten en partícipes de las batallas que caracterizan a la mala comunicación y a la guerra de pedradas.

Ejemplo:

H: Hombre (esposo)
M: Mujer (esposa)

Diálogo	*Comentarios*
H (Llega a su hogar después de su trabajo, y se dirige a su esposa): —¡Hola, cariño! ¿Cómo pasaste el día? M: —Bien, ¿y tú? H: —Bien, nada fuera de lo normal que reportar.	Las respuestas cortas y de pocas palabras pueden significar que la señora tal vez tuvo un día tenso y difícil, y posiblemente no esté siendo sincera con su esposo.
M: —¿Te acordaste de recoger mi vestido en la tintorería? H: —¡Ay, ay, ay! Ya sabía que algo se me estaba olvidando. M: —¡Ya lo sabía! ¡Tenía que ser! Te aseguro que si hubiera sido tu traje, te hubieras acordado de recogerlo.	La reacción rápida y negativa hacia la respuesta de su esposo indica que ya estaba lista para atacarlo. Su nivel de coraje es moderado, por tanto no lanza una piedra muy grande. Sentimientos de inseguridad y de baja autoestima salen a relucir, aumentan su nivel de coraje y la preparan para lanzar su ataque de pedradas.
M: —¿Sabes?, estoy cansada de tus excusas tontas y sin sentido. A ti no se te olvidó recogerlo, lo hiciste a propósito. ¡Me cansas! ¡Me das asco!	Piedra grande, trata de herir a su esposo, al sentir que él la ha herido. Lo que ella siente realmente son sentimientos de insuficiencia personal, proyectados hacia su esposo. Piedras grandes y fuertes.
H: —De veras mi amor, lo siento. ¿Sabes qué?, en este mismito momento voy a recogerlo. Ya vuelvo. M: —¡Olvídalo! Seguramente hasta te pier-	El esposo trata de validar los sentimientos de su esposa. Sin embargo, como no le comunica que ella

das en el camino. Cuando se repartieron los cerebros, tú debes haber estado dormido debajo de algún árbol.

también lo hiere con sus insultos, comienza a reaccionar con coraje. No expresar lo que siente, transforma sus sentimientos en algo negativo y fuerte. (Las personas que lanzan piedras necesitan que aquellos con quienes discuten también lancen sus propias pedradas. De este modo justifican su propia conducta y su coraje, al culpar a la otra persona de su agresividad. Si esto no sucede, la persona continúa lanzando piedras cada vez más grandes y pesadas, con el fin de lograr que el otro entre en la guerra de pedradas.) Aquí, ella le lanza una pedrada al comentar sobre su falta de cerebro y busca que él reaccione con coraje.

H: —Mi amor…

M: —Sólo hazme un favor, cállate la boca y déjame en paz, ¿sí? Ya no quiero ni verte.

Él trata de mantener la situación calmada. Ella continúa tirando piedras. Otra pedrada bastante fuerte.

H: —Pero… ¿quién te crees para juzgarme de esa forma? ¿Te crees tan importante, tan suprema? Te llamaría estúpida, pero tienes razón, el estúpido soy yo, tú eres la inteligente. Tú sólo te casaste conmigo por mi dinero y para utilizarme como si yo fuera tu criado, tu sirviente.

La esposa finalmente triunfa al lograr que su esposo reaccione con coraje, en el momento en que éste comienza a lanzar sus propias piedras.
Piedra.
Agenda oculta del esposo: éste siente que ella sólo se casó con él por conveniencia. El dolor emocional pasado, relacionado con esta creencia, finalmente encuentra su expresión a nivel de coraje, por tanto, se pueden esperar piedras bastante fuertes por parte de él.

M: —¿Así que en esas estamos? Bueno, pues bastante tiempo te tomó entenderlo, ¿no crees? ¿Por qué mejor no te marchas ya de una vez?

Ella le regresa una piedra bastante grande, al validarle su creencia de que ha sido utilizado por ella. Aunque esto no sea verdad, ella miente con tal de herirlo.

H: —Claro, marcharme y dejarte la mitad de mi dinero, ¡para nada! Si lo hiciera, entonces sí que sería tonto de verdad.

Piedra. Él le deja saber que su dinero vale más que ella.
Piedra.

Para evitar la terrible guerra de pedradas tan característica de la mala comunicación, ambos miembros necesitan comunicarse e informarse el uno al otro que sus sentimientos están siendo heridos y que encuentran la situación emocionalmente dolorosa. El ejemplo siguiente muestra la forma adecuada en la que la pareja del ejemplo anterior debió comportarse, asumiendo una buena comunicación. El enfoque debió expresar los sentimientos dolorosos, justo en el momento en que se sintieron, y así eliminar la posibilidad de que surgiera el coraje para poder llevar a cabo la comunicación.

Ejemplo:

H: Hombre (esposo)
M: Mujer (esposa)

Diálogo	Comentarios
H (Llega a su casa después del trabajo y se dirige a su esposa): —¡Hola cariño! ¿Cómo pasaste el día?	
M: —Bien, ¿y tú?	
H: —Bien, nada fuera de lo normal que reportar.	
M: —¿Te acordaste de recoger mi vestido en la tintorería?	
H: —¡Ay, ay, ay! Ya sabía que algo se me estaba olvidando.	
M: ¡Ya lo sabía! ¡Tenía que ser! Te aseguro que si hubiera sido tu traje, te hubieras acordado de recogerlo.	Sentimientos de desamor y abandono que no han sido expresados adecuadamente; por tanto, se han "fermentado" y convertido en coraje, y están listos para encontrar expresión en forma de pedradas.
M: —¿Sabes?, estoy cansada de tus excusas tontas y sin sentido. A ti no se te olvidó recogerlo, lo hiciste a propósito. ¡Me cansas! ¡Me das asco!	Piedra grande que refleja un incremento en el nivel de coraje por sentimientos dolorosos reprimidos. Al incrementar el nivel del coraje, también lo hace el tamaño y la fuerza de las "piedras" que se lanzan.
H: —De veras mi amor, lo siento, se me olvidó recoger tu vestido, realmente no fue intencional, pero del modo en que me estás hablando y reclamando, hieres mis sentimientos y eso no me gusta.	El esposo valida los sentimientos de frustración de su esposa al pedirle disculpas y decirle que aunque ella tiene todo el derecho de sentirse mal y engañada, no hay ninguna necesidad de recurrir a insultos tan severos. El esposo expresa su dolor emocional y comparte sus sentimientos heridos y, por tanto, evita el coraje que seguramente llevaría a la mala comunicación.
M: —¿Y cómo quieres que me sienta? Siempre te olvidas de mis cosas.	La esposa reconoce que está reaccionando con coraje. La opción de su esposo de

Siento que no soy importante, que ya no valgo nada para ti, que no soy nadie en tu vida.

H: —Gracias por compartir conmigo lo que sientes. Tienes mucha razón, últimamente se me ha olvidado hacer muchas cosas, no sólo las ·tuyas, sino muchas cosas en general. Creo que he estado tan envuelto en mi trabajo, que no me he preocupado por mis otras responsabilidades. Por favor, discúlpame. A partir de hoy, te prometo que haré un mayor esfuerzo para llevar a cabo todas las cosas que tengo que hacer. Te quiero y no quiero causarte ningún problema.

M: —Lo sé mi amor, es que no sabía cómo decirte que me estabas abandonando últimamente, que me ignorabas. Hasta llegué a creer que estabas molesto conmigo. Discúlpame por haberte dicho todas esas cosas horribles, no fue mi intención.

comunicarse con ella a nivel de sentimientos y no de coraje, y expresarle su reacción a los insultos, ha hecho que ella también se comunique a nivel de sentimientos. Ya en este punto, ella puede expresar abiertamente sus sentimientos sin tener que recurrir al coraje.

Validación de la reacción de su esposa. El validar siempre funciona en forma positiva, ya que le deja saber a la otra persona que sus sentimientos son importantes.

La explicación de la conducta negativa hace que la pareja se sienta más apegada, ya que esto crea la posibilidad de que juntos traten de resolver y corregir el problema.

Resolución. Ésta siempre necesita seguirse por un plan de cambio.

Discutir la situación a nivel de sentimientos ha hecho posible que la pareja se acerque más; también ha aclarado los malosentendidos. Este es el propósito de la buena comunicación.

La mala comunicación ha sido derrotada.

REPRIMIENDO EL CORAJE

Aunque el arte de la mala comunicación requiere que las personas se comuniquen por medio del coraje, muchas veces se llega a perfeccionar la expresión y la trasmisión de tal, es esta misma expresión la que usualmente hace que las personas lleguen a sentir incomodidad y aun culpabilidad. Como resultado, en muchos casos se opta por reprimir este coraje, el cual puede descontrolarse y encontrar escape en forma explosiva. El coraje no resuelto también tiene la tendencia a multiplicarse y a inducir mayores sentimientos de angustia, incrementándose potencialmente a niveles alarmantes. Tomemos, por ejemplo, una situación que se ha convertido en un evento bastante común en nuestra sociedad. Recuérdense aquellas personas que sin aparente razón llegan un buen día a un lugar público, un restaurante o un centro comercial; inesperadamente sacan un arma de fuego y comienzan a disparar a la ventura, sin blanco definido, hiriendo y quitándole la vida a seres inocentes.

Si llevamos a cabo un análisis cuidadoso y detallado que conduzca a un perfil psicológico de estos individuos, probablemente encontraremos que tienden a ser el tipo de personas acostumbradas a reprimir sus sentimientos, dando lugar a altos e impredecibles niveles de coraje. Si les preguntamos a sus vecinos y/o familiares sobre el temperamento y personalidad de tales individuos, comentarán que son personas completamente normales, calladas, reservadas, y que comparten poco con los demás. Obviamente este silencio es indicativo de la represión y la falta de expresión de sentimientos, y se debe a que estos criminales están crónicamente resentidos porque, por lo general, pasaron por una infancia difícil y dolorosa; conforme fueron creciendo aprendieron que para sobrevivir a su niñez, debían guardarse sus sentimientos. Ahora, convertidos en adultos, continúan practicando este sistema de represión. Pero llega el día en que todos esos sentimientos reprimidos desde la infancia, "fermentados" y convertidos en coraje, explotan al ser activados por cualquier evento insignificante. Los resultados son episodios violentos y devastadores. Por tanto, se dirigen a cualquier lugar público donde puedan expresar el coraje que llevan internamente.

La reacción del coraje funciona como una cadena. Las personas que se expresan a nivel coraje poseen grandes receptáculos internos para éste, que cuando son confrontados en cualquier situación o estímulo que los active, no reaccionan solamente con el nivel de coraje correspondiente a la situación o evento que lo activó. A veces, lo que sucede es que el coraje reciente se suma a corajes anteriores, y estos últimos a otros aún más antiguos (como los eslabones de una cadena). Así, la reacción se convierte en un evento de enormes proporciones. Por tanto, el nivel de coraje utilizado para responder a cualquier situación específica no puede predecirse, ya que las personas responden a situaciones dolorosas activando la mayor cantidad de coraje posible de sus receptáculos individuales internos, donde guardan todas las emociones dolorosas convertidas en coraje producidas durante años.

Muchos de los profesionales que trabajan con personas que experimentan estas reacciones violentas y severas que culminan en algún tipo de acto criminal, opinan que cada ser humano lleva en su interior un cúmulo de tensiones reprimidas y asociadas con un instinto agresivo. Los que apoyan esta idea nos muestran cómo alguien que puede ser influido fácilmente a reaccionar de manera violenta, dado el estímulo adecuado; y será el sentido común, las creencias morales y la capacidad para ejercer autocontrol los que funcionen juntos para prevenir que abandonemos la capacidad para manejar y

procesar adecuadamente nuestros instintos agresivos, y no nos con-
virtamos en criminales.

Sin embargo, también podemos favorecer la idea de que todos
los seres humanos llevamos dentro receptáculos de tensiones y corajes reprimidos, como resultado de la falta de expresión adecuada de sentimientos y emociones, en el momento en que éstos surgen. Esta idea se aleja del concepto de la existencia de un instinto
agresivo, el cual es casi imposible de cambiar y/o controlar, y enfo-
ca a la vez un proceso de mala comunicación aprendido, que puede cambiarse con relativa facilidad.

La diferencia más pronunciada entre estas dos ideas es que para
el concepto de un instinto agresivo, la raíz del problema es externa al
individuo. Esto quiere decir que la posibilidad de poder controlar el
nivel de nuestras reacciones a nivel coraje reside fuera de nosotros.
Por tanto, estas reacciones de coraje a situaciones específicas están
controladas por el grado de severidad de cada situación y por nuestro
instinto agresivo inherente que nos fuerza a reaccionar en el momento en que nos sentimos amenazados o agredidos de alguna forma. La
idea de la existencia de un instinto agresivo básicamente señala que,
como seres humanos, carecemos de control sobre nuestros impulsos
agresivos, dado un estímulo que los provoque. Sin embargo, la idea
de la mala comunicación aprendida nos da mayor capacidad y posibilidad de cambio, ya que ésta sitúa la raíz del problema internamente. Esto significa que nuestras reacciones agresivas son el resultado directo de nuestra inhabilidad para comunicar nuestros
sentimientos adecuadamente. Esto es algo que podemos aprender a
cambiar, al ponernos más en contacto con nuestros sentimientos, al
igual que al aprender a expresarlos en forma adecuada. Este cambio
se convierte en un proceso aún más fácil, ya que logremos darnos
cuenta que reaccionar a nivel coraje se elige como una opción. Este
es un proceso de elección que ponemos en práctica al elegir expresar
nuestros sentimientos y emociones en forma adecuada. Por tanto, al
tener la capacidad de elegir la expresión y no la represión, estamos
también optando por no reaccionar a nivel coraje, sino a nivel sentimiento, lo cual culmina definitivamente en la buena comunicación.

Elija la expresión, no la represión.

Este libro le enseña cómo manejar sus sentimientos en forma
adecuada. Sin embargo, necesita invertir un poco de tiempo, deseo
y trabajo para lograr alcanzar esta meta tan deseada: **el cambio.**

Éste, desde luego, implica pasar por una serie de patrones y procesos conductivos que culminan en la capacidad adquirida de expresión de sentimientos, la cual evita que éstos se repriman y consiguientemente se "fermenten" y se conviertan en coraje. Con base en las dos ideas mencionadas anteriormente (incluyendo los conceptos del instinto agresivo y la mala comunicación aprendida), posibilidades que están simultáneamente activas dentro de cada persona, se puede concluir que cada ser humano posee un nivel de control parcial sobre sus reacciones a nivel coraje. Esto es cierto sobre todo en situaciones menos complejas, que no producen altos niveles de coraje. Y aunque estos niveles suban a grados bastante elevados, el autocontrol de nuestras expresiones y formas de comunicarnos disminuye aceleradamente.

PERSPECTIVA

¿Qué significa todo esto? Significa que si aprendemos a comunicarnos adecuadamente a nivel sentimientos, las posibilidades de explosiones violentas de coraje disminuirán significativamente. Es importante conectar el coraje que sentimos con el dolor emocional que lo creó. Aunque esta hazaña suele ser algo difícil, es importante lograrlo si se desea encontrar soluciones a los problemas. Necesitamos identificar cada experiencia dolorosa que no haya sido expresada adecuadamente y conectarla al coraje que sentimos; al coraje que resultó por falta de expresión. De otro modo, no lograremos desahogar el coraje que inevitablemente nos conducirá a explosiones violentas. La inhabilidad para hacer esta conexión básicamente significa que experimentamos dificultades al no admitir que sentimos coraje o dolor emocional. Parte del proceso de cambio requiere aceptar que nuestros sentimientos han sido heridos; Una vez que esto suceda, el coraje se disipará lentamente hasta desaparecer por completo. De otra forma continuaremos reprimiendo sentimientos dolorosos dentro de nosotros, los cuales eventualmente se convertirán en coraje que encontrará expresión, de cualquier forma, al ser estimulado por algo que sirva como agente activante.

> *Comprométase a expresar lo que sienta y no lo que sienta que debe expresar.*

Donde reside la raíz del arte de la mala comunicación es precisamente en la inhabilidad para expresar lo que sentimos (generalmente dolor emocional), a nivel de sentimientos, a la persona que nos lo hizo sentir, al momento que sucedió todo. Esto debe hacerse en forma directa, clara y honesta. Los verdaderos practicantes y artistas de la mala comunicación se expresan por medio del dolor emocional reprimido, mejor conocido como **coraje**.

SUGERENCIAS

Los siguientes pasos están diseñados para ayudarle a mejorar la forma en que se procesan los sentimientos:

1. Reevalúe los mensajes sobre la expresión de sentimientos que recibió durante su infancia. Muchos padres aún mantienen la creencia errónea de que la expresión de sentimientos es:

- Innecesaria.
- Señal de inmadurez.
- Inaceptable para los hombres.
- Para mujeres solamente.
- Una señal de histeria.
- Una pérdida de tiempo.
- Algo pasado de moda.
- Para personas de carácter débil.

¡Ellos están equivocados!

a) En una hoja, redacte una lista de todos los mensajes que recuerda haber escuchado de amistades y familiares, durante su infancia y desarrollo, en relación con los sentimientos. Asegúrese de incluir tanto los mensajes negativos como los positivos.
b) En otra hoja, trace una línea vertical en el centro creando de este modo dos columnas. Identifique cada columna, escribiendo *Columna 1* sobre la columna de la izquierda y *Columna 2* sobre la columna de la derecha. En la *Columna 1* escriba todos los mensajes negativos que anotó en la primera hoja. Algunos serán similares a los incluidos anteriormente en el número 1. Vea cómo su contenido favorece y anima la represión de sentimientos. En la *Columna 2* escriba todos los mensajes positivos de la primera hoja. Note

cómo éstos favorecen y animan la expresión de sentimientos de manera apropiada y saludable. Ejemplos de mensajes positivos:

- "Es importante expresar tus sentimientos."
- "Puedes evitar desacuerdos y discusiones si expresas lo que sientes."
- "Hombres y mujeres deben hablar sobre sus sentimientos."
- "La expresión de sentimientos no es fácil, pero sí necesaria."

c) Ya que tenga ambas listas, corte la hoja de papel por la línea que la divide, creando dos listas separadas, una con mensajes positivos y la otra con mensajes negativos.

d) Vuelva a leer la lista de mensajes negativos. Estos mensajes han influido significativamente la evolución de sus conocimientos y destrezas sobre la comunicación. Lleve esta lista a su cocina y quémela. Al hacer esto, permítase liberarse de todas las nociones preconcebidas, negativas, y equivocadas que posee sobre los sentimientos, las cuales ha llevado consigo desde su niñez. Recuerde que esas personas responsables de haberle enseñado estos mensajes negativos, probablemente lo hicieron inconscientemente. Las personas que imparten estos tipos de mensajes por lo general han tenido grandes dificultades en sus modos y maneras de comunicación desde que eran niños, y jamás conocieron ni aprendieron mejores formas de interactuar. Ellos compartieron con usted lo que heredaron de otros. Finalmente, mantenga a la mano la lista de mensajes positivos. Es buena idea tenerla junto a su cama y leerla cada noche antes de dormir, así reafirma y arraiga cada mensaje positivo, no sólo a su consciente, sino, más importante aún, a su subconsciente. Conforme vaya recordando mensajes positivos adicionales o si aprende nuevos métodos de comunicarse a nivel de sentimientos, añádalos a su lista.

2. Reconozca y acepte la importancia de los sentimientos. Usted necesita convencerse, sin duda, de la gran importancia que poseen los sentimientos. Tome siempre la decisión de comunicarles, a nivel de sentimientos y a aquellos que lo hieran, lo que le hacen sentir, al momento que esto suceda. También, no olvide decirles a aquellas personas que lo hacen sentir bien, que las aprecia. No se enfoque solamente en los aspectos negativos de la vida, sino déle su debida importancia y reconocimiento a la expresión de sentimientos positivos sobre aspectos positivos.

3. Exprese sus sentimientos. Ya que haya reconocido y aceptado la importancia que tienen los sentimientos, incorpórelos en su vocabulario diario, en sus conversaciones con familiares y amistades. Exprese sus sentimientos. Déjeles saber a las demás personas lo que siente. Sin embargo, tenga cuidado de no confundir la "comunicación" a nivel de sentimientos con "acusar". Por ejemplo, si alguien hiere sus sentimientos con críticas negativas respóndale así:

> Lo que acabas de hacer al referirte a mí con esa frase tan denigrante, hiere mis sentimientos y eso no me gusta. Por favor, no lo vuelvas a hacer.

Tenga cuidado de no responder usted de la siguiente forma:

> No me hables así idiota, eres un desconsiderado.

Esto es una acusación y un insulto que típicamente resultan en la activación y aparición del coraje. Si esto sucede, inmediatamente discúlpese con la persona que se está comunicando y exprese lo que siente a nivel de sentimientos. Permítase usted mismo convertirse en un ejemplo para que aquellos que lo rodean aprendan también a expresar sus sentimientos en forma adecuada.

4. Anime a los demás a expresar sus sentimientos. Ya que los demás se percaten de lo que usted está haciendo, anímelos a que también ellos se comuniquen a nivel de sentimientos. Imagínese lo difícil que sería si usted solamente hablara español y la persona con quien deseara comunicarse, sólo hablara alemán. Una buena comunicación en este caso sería casi imposible.

Solución: Usted aprende alemán, o la *otra* persona aprende español. Este mismo concepto puede aplicarse a los sentimientos. Si usted ya conoce, habla y se comunica por medio del idioma o lenguaje de los sentimientos, pero su pareja aún no logra llegar a este nivel, la comunicación adecuada no puede realizarse. Sin embargo, usted puede animar a su pareja a que aprenda cómo comunicarse a nivel de sentimientos, igual que si aprendiera un idioma nuevo como el alemán, francés o inglés. Ya lograda esta hazaña, la comunicación entre los dos será adecuada y clara, mejorando significativamente la relación.

5. Aprenda a escuchar a su cuerpo. Aunque ya tenga un vocabulario vasto de sentimientos y hable a nivel sentimientos, de vez en cuando sucederá que su nivel de coraje se alterará y facilitará que sea víctima de la mala comunicación. Sin embargo, su cuerpo usualmente le avisará cuando el nivel de coraje comience a incrementarse. Usted puede y necesita estar alerta a los mensajes que su cuerpo le envía, poniendo mucha atención a las siguientes señales indicativas de la presencia del coraje:

- Palpitaciones aceleradas y fuertes.
- Hipertensión –cambio drástico y súbito en la presión arterial sanguínea–, la cual puede manifestarse mediante dolores de cabeza, enrojecimiento de la cara, calores y/o zumbidos en los oídos.
- Rigidez de los músculos de la cara.
- Respiración profunda y acelerada.
- Falta de respiración.

Si en algún momento del proceso de comunicación usted se percata de la presencia de algunas de las señales anteriores, deje inmediatamente lo que está haciendo y proceda a lo siguiente:

a) Dígale a la persona con la que se comunica, que necesita algunos minutos para relajarse, antes de continuar con la discusión.
b) Tómese su tiempo para identificar lo que le está molestando.
c) Ya identificado, conéctelo a alguna herida emocional.
d) Cuando se sienta listo para reasumir la discusión de manera calmada, resuma su interacción.
e) Explíquele a la otra persona lo que está sintiendo y cómo ella es parte de esto (qué papel desempeña ella en sus sentimientos).
f) Enfrente a la situación de nuevo, pero desde una perspectiva a nivel de sentimientos.

6. Trabaje al revés. Acostúmbrese a la idea de trabajar al revés, de atrás hacia adelante. Esto significa que si comienza a sentir señales de coraje, debe conectarlo al dolor o herida emocional que lo causó. Por ejemplo, si se enoja con su pareja por no haber contestado el teléfono de su oficina cuando la llamó ayer en la noche, lo que puede estar sintiendo realmente es dolor emocional causado por la sensación de engaño o traición, ya que piensa que su pareja puede engañarlo o serle infiel. Ya que logre identificar el dolor emocional que causó el coraje, exprésese a nivel de sentimientos. Igual que en el ejemplo citado anteriormente, cuando su pareja regrese a la casa, puede usted decirle:

Traté de llamarte a la oficina toda la noche, pero nadie contestó el teléfono. De cierta forma, esto me hace *pensar* que me estás mintiendo y que realmente no estabas en la oficina trabajando tarde. Esto hiere mis sentimientos. ¿Qué pasó?

Nunca se quede con ningún tipo de coraje sin haberlo enlazado al dolor emocional que lo causó originalmente. De otro modo, este coraje encontrará escape y se manifestará en forma de mala comunicación.

Recuerde:

- *Encuentre tiempo para disfrutar de la buena comunicación.*
- *Comuníquese siempre a nivel de sentimientos.*
- *Exprese al momento lo que sienta, a la persona que se lo hizo sentir.*
- *Piense antes de hablar.*
- *Anime a otros a expresar lo que sienten.*
- *No acuse al comunicar sus sentimientos.*
- *Anime la expresión de sentimientos.*
- *Desanime la represión de sentimientos.*
- *Escuche lo que dicen los demás, luego exprese sus opiniones.*
- *No ponga palabras en la boca de otros.*
- *Los sentimientos no son sexistas.*
- *Ponga atención a las señales que su cuerpo le envía.*
- *Encuentre algo positivo aun en los aspectos más negativos.*

Buena o mala comunicación

Imagínese descubrir que usted también tiene la tendencia a practicar la mala comunicación. ¿Se sorprendería? La realidad es que todo ser humano la practica hasta cierto grado, algunos más que otros. La situación resulta ser algo serio y peligroso cuando ésta se convierte en la única forma de interactuar con otras personas.

Sus respuestas a las siguientes situaciones le revelarán si practica o no la mala comunicación. Después de leerlas cuidadosamente, responda honestamente a cada una, si la considera *Cierta* o *Falsa*, circulando la *C* si está de acuerdo con el contenido de la frase, y *F* si está en desacuerdo con ella.

1. *Cuando usted se comunica con otras personas, rara vez o nunca les pregunta si comprendieron el mensaje que usted trataba de trasmitirles*   C   F
2. *Cuando usted se comunica con otras personas, rara vez o nunca éstas le preguntan si usted comprendió el mensaje que trataban de trasmitirle*   C   F
3. *Durante una conversación, usted siente coraje hacia la otra persona, sin embargo, trata de mantenerse calmado(a) y no les deja saber lo que siente*   C   F
4. *Durante una conversación, usted se percata que la otra persona está enojada con usted, sin embargo, aparenta estar calmada y no le deja saber lo que siente.*   C   F

5. Durante una conversación, cuando usted trata de resolver desacuerdos, se siente con frecuencia enojado(a) o con coraje   C   F

6. En conversaciones donde se trata de resolver desacuerdos, usted se percata que, a menudo, la otra persona aparenta estar enojada o con coraje   C   F

7. Por lo general, la mayoría de las conversaciones en donde se trata de resolver desacuerdos, terminan en fuertes discusiones   C   F

8. Durante discusiones, a veces usted se encuentra expresando opiniones y comentarios que hieren a los demás, los cuales luego le pesa haber dicho.   C   F

9. Durante discusiones, por lo común le expresan a usted opiniones o comentarios que lo(a) hieren y de los que luego se arrepienten haberle dicho   C   F

10. Cuando alguien le hiere sus sentimientos durante una discusión, usted generalmente reacciona tratando de hacer lo mismo para desquitarse   C   F

11. Cuando usted hiere los sentimientos de otros, durante una discusión, éstos tienden a reaccionar tratando de herirlo(a) para desquitarse   C   F

12. Durante discusiones, usted llega a enojarse a tal grado que termina por recordarle a la otra persona sus fracasos personales o errores del pasado   C   F

13. Durante discusiones, la otra persona se enoja a tal grado que termina por recordarle a usted sus fracasos personales o errores del pasado con el propósito de herirlo(a)   C   F

14. Con frecuencia, durante conversaciones, usted trata de tener la última palabra o de controlar la conversación   C   F

15. Con frecuencia, durante conversaciones, la otra persona trata de tener la última palabra o de controlar la conversación.   C   F

Si usted contestó *Cierto* a cualesquiera de las situaciones mencionadas anteriormente, entonces este libro es para usted.

Responder *cierto* a una o más de las situaciones planteadas anteriormente, indica que usted puede tener la tendencia a practicar la mala comunicación, lo que eventualmente lo llevará a lanzar piedras. Mientras más respuestas hayan sido ciertas, más alta es la probabilidad de que sea usted quien mantiene y practica las malas relaciones con otros. Aun así, esto no implica que sea un mal comunicador; también puede indicar que las personas con quienes trata, tienen fallas y dificultades y, por tanto, lo involucran a usted en sus batallas.

Si respondió afirmativamente a las frases o situaciones con los números 1, 3, 5, 7, 8, 10, 12 y/o 14, es usted un mal comunicador. En cambio, si respondió como cierto a los números 2, 4, 6, 7, 9, 11, 13 y/o 15, esto quiere decir que son las personas que lo rodean quienes practican la mala comunicación; y en estos casos, usted contribuye a ello comunicándose inapropiadamente.

Para que obtenga mejor conocimiento sobre la mala comunicación y logre mayor control en sus relaciones interpersonales, necesita definir y comprender cuidadosamente las diferencias entre la buena y la mala comunicación.

LA BUENA COMUNICACIÓN

En todo tipo de comunicación existe la persona que *habla* y la(s) que *escucha(n)*. La persona que habla (emisor) tiene un *propósito*: comunicarle a la persona que escucha (receptor u oyente) algún mensaje específico. En otras palabras, el emisor posee un mensaje que compartir. En el momento en que el receptor recibe el mensaje, éste crea *impacto*. La comunicación adecuada y efectiva, puede ser entonces definida como aquella que posee la capacidad de crear en el receptor el impacto deseado por el emisor; el *propósito* es igual que el *impacto*.

> *Propósito = Impacto*

Es sumamente importante que durante el proceso de la comunicación, cada persona que hable se comunique de la forma más clara y precisa posible. El emisor necesita asegurarse de que el propósito de su mensaje sea claro y definido para que cause el impacto apropiado en el receptor. Muchas personas caen en el mal hábito de inventar información cuando no logran comprender adecuadamente el mensaje que tratan de compartir, quedando aquellas partes mal entendidas como brechas vacías dentro del mensaje original. La tendencia del receptor es rellenar estas brechas con inventos creados al azar, en lugar de verificar con el emisor sobre el propósito preciso y el contenido completo del mensaje. Estos juegos, donde se rellenan estas brechas, convierten los mensajes compartidos en mensajes incompletos. Tales mensajes generalmente están caracterizados por ideas erróneas creadas por el receptor u oyente, con el propósito de tratar de comprender el mensaje que el orador trató de compartir. Uno de los problemas que surge, como resultado de esta situación, es que las interpretaciones subjetivas utilizadas por el receptor u oyente para rellenar la información mal entendida, son generalmente influidas por sus propias experiencias y situaciones. Por tanto, la comunicación requiere del esfuerzo de ambos. El emisor necesita trasmitir un mensaje preciso y claro. El oyente necesita cuestionar, siempre que sienta que no ha comprendido totalmente el mensaje. Este procedimiento funciona para asegurar que el propósito siempre sea igual al impacto.

FILTROS

Sin embargo, no todo es tan simple. Existen también mecanismos filtrantes extremadamente específicos, no sólo para el emisor, sino también para el receptor. Estos mecanismos o *filtros* son barreras que los separan al bloquear y distorsionar la información que tratan de compartir. Estos filtros crean tal distorsión en la comunicación, que cambian totalmente el mensaje original que se desea trasmitir.

Una infinidad de situaciones como, por ejemplo, puntos de vista, opiniones, convicciones morales, creencias religiosas, dificultades diarias del trabajo, preocupaciones económicas, creencias culturales, frustraciones, buenas noticias, baja autoestima, problemas familiares, de salud, legales y hasta un simple dolor de cabeza pueden ser parte de los filtros de una persona. Igualmente, estos filtros pueden ser el resultado de corajes, tristezas, sentimientos de venganza, estrés, o aun de agendas ocultas (asuntos no resueltos dentro de una relación). Nuestro propio estado de ánimo también puede funcionar como un filtro, no solamente en la forma que la información es expresada (en el caso del emisor), sino también cómo esta información es recibida (en el caso del receptor). En estos casos, lo que sucede es que la forma en la que el emisor trasmite su mensaje es inconsistente con el propósito del mismo. Por ejemplo, si el emisor necesita hacer un comentario positivo a una persona, pero acaba de tener una discusión fuerte con su pareja, la posibilidad de que el mensaje positivo sea trasmitido e interpretado como tal es mínima. Esto puede deberse a que la información positiva es filtrada por el coraje y resentimiento de la discusión (filtro) e impactará o será recibida por el otro como una crítica y no como algo positivo.

Básicamente, los filtros son todas aquellas situaciones que afectan activamente la capacidad de expresión del que da y recibe información.

La idea de los filtros es muy similar al concepto de utilizar anteojos contra el sol. El color de los objetos dependerá del color de los cristales a través de los cuales se vea. Puede que una camisa azul nos parezca verde si los cristales son amarillos (filtro). El siguiente ejemplo explica con más detalle esta situación particular:

> El esposo llega a su casa después de la oficina. Se sienta a leer la correspondencia, y ésta le notifica que olvidó enviar uno de los pagos de su tarjeta de crédito, por tanto, la cantidad que deberá enviar con el próximo pago será el doble de lo normal. Además, también tiene que pagar un cargo moratorio por este descuido. Esta situación lo hace sentirse ansioso e incómodo. Se levanta de la silla y va a su recámara por su chequera. En el pasillo, accidentalmente tropieza y rompe el jarrón de porcelana favorito de su esposa.

Sin más explicaciones, ¿qué tipo de filtros cree que este señor está construyendo y estarán activos para cuando su esposa le pida que le ayude a preparar la mesa para cenar? ¿Qué color de anteojos contra el sol cree que tendrá puestos en ese momento? Continuemos y sabremos:

> Recoge los pedazos del jarrón y violentamente los lanza hacia el cesto de la basura. Luego de tomar la chequera, regresa a su escritorio y comienza a llenar los cheques. Unos minutos después, entra su esposa al cuarto. Ella ha tenido un día bastante difícil en su trabajo y acaba de regresar de recoger la correspondencia en la oficina de correos.

Ahora, ¿qué tipo de filtros cree usted que tendrá la señora cuando trate de comunicarse con su esposo?

ESPOSA: —Hola mi amor, llegaste temprano (camina hacia él y le da un beso en la mejilla).

ESPOSO: —Sí, fue un día bastante pesado.

ESPOSA: —Mi amor, por favor prepara la mesa para que cenemos, ¿sí?

ESPOSO (Moviendo la cabeza de lado a lado, golpea su escritorio con el puño, fuerte y agresivo. Lentamente se dirige hacia el comedor y comienza a preparar la mesa.)

ESPOSA: —No necesitaría pedirte que lo hicieras si acostumbraras hacerte cargo de tus responsabilidades sin que yo tenga que recordártelas constantemente. Es hora de que crezcas ya, ¿no crees?

¿Que sucedió? El mecanismo de filtros del esposo se vio afectado por la noticia de que la compañía de crédito le cobraría interés por falta de pago, así como por haber roto accidentalmente el jarrón de porcelana. Cuando su esposa le pidió que preparara la mesa, él respondió moviendo su cabeza de lado a lado y expresó su coraje y frustración, al pegar con su puño al escritorio. Él no estaba enojado con su esposa por pedirle que preparara la mesa, sino que pensó: *"He aquí otra persona que exige algo de mí."* El impacto de la experiencia negativa anterior fue arrastrado y transportado hacia el presente, e influyó la forma en que él expresó su mensaje. Por tanto, el impacto que éste tuvo en su esposa fue negativo. El propósito del esposo era de cooperar con lo que su esposa le pedía, sin embargo, este propósito fue inconsistente en la forma en la que se trasmitió. El señor proyectó propio coraje y ansiedad, causados por haber olvidado pagar su tarjeta de crédito a tiempo, hacia un blanco inocente: su esposa. Las personas que practican la mala comunicación frecuentemente utilizan estas conductas de proyección, tal como estar enojados(as) con su pareja como resultado de haber tenido un día difícil y tedioso en el lugar de empleo. Esto generalmente resulta en incremento de los niveles de coraje, tanto para el emisor como para el receptor. Ya que los niveles de coraje comiencen a crecer, la posibilidad de que ambos lancen piedras es inevitable.

Para la esposa, su mecanismo de filtros también fue afectado al no saber sobre la notificación que su esposo había recibido. Igualmente, ella desconocía sobre el incidente del jarrón. Si hubiera estado enterada de lo que le había sucedido a su esposo, tal vez habría comprendido mejor la reacción de éste y a la vez, sobrellevado mejor la situación. Es también posible que por haber tenido un día difícil en su empleo y haber tenido que ir a las oficinas de correo, se sintió utilizada por su esposo, cuando éste aparentó no querer ayudarla con las responsabilidades de la casa. Como resultado, ella reaccionó con coraje, ya que esta situación fue contaminada por los filtros de ambos.

¿Cuál es la mejor forma de reaccionar en estas situaciones? Si la comunicación parece no estar funcionando adecuadamente, lo primero que hay que hacer es tratar de averiguar las razones que causan este mal funcionamiento.

La siguiente ilustración nos muestra no sólo los filtros del emisor y del receptor, sino también la transformación por la que pasa toda información compartida al ser filtrados por éstos. Cuando el emisor expresa su mensaje, éste pasa por sus filtros, y resulta la primera transformación del contenido de la información. Este nuevo mensaje sufre aún otra transformación al pasar por los filtros del emisor, lo que resultará en la metamorfosis total del contenido del mensaje original.

La manera en que el emisor es impactado por el mensaje está también influida por los filtros de éste, resultando que el *propósito* sea igual al *impacto*.

Qué hacer cuando la comunicación no funciona:

- *Tómense un tiempo para que ambos puedan calmarse, apartados el uno del otro.*
- *Expresen la importancia de comunicarse en forma calmada y clara.*
- *Explíquense cómo el mensaje del uno impactó al otro.*
- *Pida a la otra persona que comparta lo que siente sobre lo que está sucediendo.*
- *Analicen sus filtros.*
- *Exploren diversas formas de evitar la mala comunicación en situaciones futuras.*

SUGERENCIAS

Si tiene dificultades con su pareja o con personas con las que trata de comunicarse, lo primero que deben hacer es tomarse un tiempo, por separado, para que puedan calmarse. Un par de minutos logrará que se relajen y puedan ver la situación con mayor claridad. Comuníquele a la otra persona que no se siente bien y que ambos necesitan compartir y examinar lo que está sucediendo. De forma muy calmada, discutan la forma en que usted ha interpretado su mensaje, y si éste va de acuerdo con lo que quiso decirle. Jamás asuma que sabe exactamente lo que la otra persona quiere. Acostúmbrese siempre a preguntar cuál es el mensaje que desean comunicarle, y no lo que usted cree que le desean compartir.

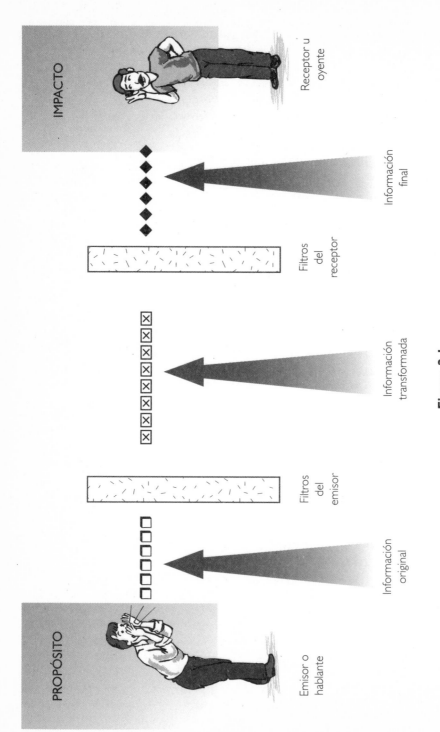

Figura 2.1

PROPÓSITO

Emisor o
hablante

Información
original

Filtros
del
emisor

Información
transformada

Filtros
del
receptor

Información
final

IMPACTO

Receptor u
oyente

SUGERENCIAS **49**

Ya que hayan hecho esto, discutan los eventos del día (filtros) que puedan haber nublado, bloqueado o impedido la buena comunicación. Deben exponer y examinar cada evento para poder identificar las causas de las reacciones inadecuadas e inapropiadas que hayan tenido.

La siguiente lista le ayudará a identificar filtros activos antes de discutirlos. Ponga una marca (√) al lado de cada situación que le aplique a usted y que sea un filtro que afecta su manera de relacionarse con otras personas. Haga esto diariamente. En donde dice *Fuerza*, indique qué tanto le afecta a usted esta situación en particular; utilice como marcadores los números del 0 al 10. El 0 indica que la situación no tiene fuerza y que, por tanto, no le afecta nada, y el 10, que la situación tiene mucha fuerza y que le afecta enormemente.

Por ejemplo:

Situación	Posible filtro (√)	Fuerza (0-10)
Día difícil en el trabajo	√	8

Este ejemplo indica que usted tuvo un día difícil en su trabajo y que es un filtro que determinará con bastante fuerza la manera en la que se comunicará con otras personas ese día. Al ver el número que marcó en Fuerza, podrá darse cuenta cuales son las situaciones que van a interferir en mayor grado y en las interacciones que tenga.

Situación	Posible filtro (√)	Fuerza (0-10)
Día difícil en el trabajo		
Dificultades con el auto		
Desacuerdos o discusiones con otra(s) persona(s)		
Preocupaciones económicas		
Problemas familiares		
Problemas de salud		
Problemas de pareja		
Problemas legales		
Problemas en la escuela		
Problemas de negocios		
Problemas de la casa		

Siéntase libre de añadir situaciones adicionales que considere apropiadas y que no han sido incluidas en la lista anterior.

Acostúmbrese a utilizar diariamente este sistema de identificación de situaciones que puedan interferir en su modo de comunicación con otros. Haga esto antes de empezar a comunicarse. Si usted es parte de una pareja que trabaja, es muy buena idea utilizar esta lista, sobre todo si tiene dificultades con la comunicación. Cuando cada miembro de la pareja llegue a casa después del trabajo y se haya tomado algunos minutos para relajarse, esta lista debe ser completada. Una de las ventajas que tiene esto es que hace que cada uno esté consciente de los diferentes eventos y situaciones que le han sucedido durante el transcurso del día y que pueden afectar la comunicación, haciéndose presentes como filtros negativos y dañinos. Ya que completen la lista, siéntense juntos a examinar y compartir cada una de las situaciones que han señalado, así como los valores asignados bajo la sección *Fuerza*. Ya que cada situación sea identificada y discutida para y por ambos miembros de la pareja, la buena comunicación puede proceder.

Obviamente que esto no necesita hacerse por años, pero sí mientras sea necesario y hasta que se convierta en una parte integral del proceso de comunicación de la pareja. Ya que lo logren, entonces este proceso sucederá solo sin la necesidad de la lista. Mientras ese momento llega, hagan esto diariamente.

Es importante no dejar que los filtros nublen o contaminen el proceso de la comunicación. Lo que sucede generalmente es que el coraje que sentimos, el cual es producido por las situaciones mencionadas anteriormente en la lista, se integra y se proyecta hacia la comunicación. Hacernos conscientes de la presencia y del funcionamiento de los filtros, reduce significativamente el poder de dichos filtros al igual que su impacto en las conversaciones con los demás.

Finalmente, explore maneras de no practicar la mala comunicación en situaciones similares que puedan surgir en el futuro. Esto lo puede lograr si adopta maneras apropiadas de discutir y analizar filtros (preferiblemente antes de que comience la comunicación con su pareja o con cualquier otra persona cada día), si aprende a dejar los problemas ajenos a su vida personal, lejos de su hogar y, por último, si comparte sus sentimientos con la otra persona en forma clara y calmada.

Si estas sugerencias recién mencionadas se hubieran aplicado en el ejemplo mencionado anteriormente, la situación habría sucedido de la siguiente manera:

ESPOSA: —Hola mi amor, llegaste temprano (camina hacia él y le da un beso en la mejilla).

ESPOSO: —Sí, fue un día bastante pesado.

Esposa: —Mi amor, por favor prepara la mesa para que cenemos, ¿sí?

Esposo (Moviendo la cabeza de lado a lado, golpea su escritorio con el puño, fuerte y agresivo. Lentamente se dirige hacia el comedor y comienza a preparar la mesa.)

Esposa: —¿Sabes?, no estoy muy segura de entender lo que acabas de hacer. ¿Estás molesto porque te pedí que me ayudaras a preparar la mesa?

Esposo: —¡Tal parece que todo mundo quiere algo de mí, que yo les haga algo! ¡Haz esto! ¡Haz aquello! ¡Dame eso!

Esposa: —Cálmate, por favor. Vamos a hablar de esto con calma, ¿está bien? De repente te enojaste y yo no sé la razón. ¿Te hice enojar yo? ¿Estás enojado conmigo?

Esposo (Dejándose caer en su silla): —No, no lo estoy. Lo que me sucede no tiene nada que ver contigo. Acabo de recibir un cobro bastante inflado de unos pagos de una de nuestras tarjetas de crédito y hasta tengo que pagar multas y recargos, y ya sabes lo apretada que está nuestra situación...

Esposa: —¿Por qué hay que pagar tanto, y con recargos. Acaso se te olvidó mandar el pago?

Esposo: —Sí, ¿no es eso tonto? ¡Ah!, y como si no fuera suficiente, acabo de arruinar tu jarrón favorito.

Esposa: —¿El de porcelana?

Esposo: —Sí.

Esposa: —¡Ay, no! ¿Cómo?

Esposo: —Mi amor, de verdad lo siento, fue un accidente. Tropecé con él cuando iba a la recámara a buscar la chequera.

Esposa: —Bueno, no te preocupes, podemos comprar otro. Estabas tan enojado y frustrado con todas estas cosas que te sucedieron, que te desquitaste conmigo.

Esposo: —Tienes razón, mi amor. De veras, discúlpame. Ahorita arreglo la mesa para que cenemos.

La situación cambia drásticamente cuando el oyente le pregunta al hablante sobre el propósito del mensaje, en relación con el impacto que tuvo al ser recibido. Cuando la esposa le cuestiona a su esposo sobre el porqué de su coraje y agresión, se produce la oportunidad de aclarar malentendidos, además de compartir sentimientos y emociones. Esto definitivamente conduce a la buena comunicación. Lo mejor que sucede es que los niveles de coraje comienzan a disminuir, y da inicio la discusión de sentimientos y, por tanto, a la comunicación efectiva y adecuada.

Sin embargo, la mala comunicación es algo totalmente diferente.

LA MALA COMUNICACIÓN

Ésta se da entre dos o más personas que utilizan sistemas inapropiados de interacción que carecen de expresión de sentimientos, y están basadas en altos niveles de coraje. Los únicos dos requisitos que este estilo de comunicación exige es la falta de expresión a nivel de sentimientos (especialmente los sentimientos de dolor emocional), y el incremento de comunicación a nivel coraje. Aunque la buena y la mala comunicación aparentan ser conceptos opuestos, también tienen mucho en común.

¿En qué forma son similares? Recuerde que la buena comunicación es definida como el proceso donde el contenido del mensaje que el hablante desea comunicarle al oyente impacta con el mismo propósito al ser recibido que cuando se envió originalmente: *Propósito = Impacto*. Por tanto, las personas que practican la mala comunicación, típicamente tienden a mandar mensajes con el propósito de que el oyente los perciba o los codifique como negativos; en la mayoría de los casos estos mensajes son percibidos exactamente así. De este modo, por definición podemos decir que la buena y la mala comunicación son similares ya que ambas requieren que el propósito iguale al impacto.

Comprendiendo la mala comunicación

La intención de dañar, por sí sola, no constituye a la mala comunicación. Existen otras condiciones que al interrelacionarse entre ellas definen la mala comunicación. Por ejemplo, las personas que la practican tienen, por lo general, gran dificultad en expresar abiertamente sus sentimientos de dolor emocional. Sin embargo, como poseen la capacidad de expresar coraje, la mala comunicación se convierte en el vehículo que facilita la expresión de antiguos dolores emocionales "fermentados", expresados y desahogados por medio del coraje. Aquellos que usan la mala comunicación son típicamente personas que no se sienten a gusto con ellas mismas. Por tanto, para lograr compensar estos sentimientos de poco valor propio, de baja autoestima, de inseguridad y de falta de control sobre su propia vida, tienden a involucrarse en constantes disputas, peleas y competencias por poder. Esto les da la impresión de que valen más. El enfoque de estas personas en todo trato que involucre la mala comunicación es salir ganadores, vencer, sin importarles el daño que puedan causar en el proceso. En este tipo de situaciones, la mala comunicación sirve como campo de batalla, en el que estos malos comunicadores tratan de demostrar sus poderes, proezas y habilidades. Utilicemos como ejemplo la situación con mi amigo de la infancia. Tanto él como yo entrábamos de lleno en la mala comunicación, creando batallas de lanzar piedras. Nuestra meta era ganar y herirnos el uno al otro como forma de cubrir nuestra inseguridad personal y nuestro descontento. No nos importaba qué se dañaba en el proceso, así fueran ventanas, techos o aun sentimientos; queríamos la victoria a cualquier costo.

Aquellas personas que practican la mala comunicación también son personas que, generalmente, nunca tuvieron la oportunidad de adquirir conocimientos y destrezas sobre la buena comunicación. Existen, sin embargo, algunos de ellos que sí poseen tales conocimientos. En estos casos, sus niveles de coraje son tan elevados, que interfieren con el autocontrol adecuado. La mala comunicación así, se convierte en una manera de expresar coraje reprimido.

Estos malos comunicadores a veces activan sus modos de comunicación inadecuados, cuando sienten que sus defensas están bajas y que sus debilidades, fallas y fracasos pueden ser expuestos al escrutinio de otros. Reaccionar rápidamente, utilizando el coraje como vehículo de expresión, funciona como método para elevar instantáneamente sus paredes protectoras.

Características de una persona que practica la mala comunicación:

- *Inhabilidad para expresar libremente sus sentimientos.*
- *Facilidad para expresar coraje.*
- *Inhabilidad para sentirse bien consigo mismo.*
- *Sentimientos de inseguridad.*
- *Falta de autocontrol.*
- *Falta de conocimientos y destrezas sobre la buena comunicación.*

La realidad es que aquellas personas que practican la mala comunicación nunca logran resolver sus diferencias. Nunca se sienten satisfechas después de haber terminado una batalla y continúan guardando resentimientos hacia otras personas por largos periodos. Estas personas siempre actúan a nivel coraje y son incapaces de expresar la causa de su coraje original.

Lo que los malos comunicadores realmente hacen es utilizar su coraje y, por tanto, sus destrezas para la mala comunicación, como defensas o torres protectoras para aislarse ellos mismos de la confrontación a nivel de sentimientos. Temen tanto tener que procesar estos sentimientos de dolor que residen profundamente dentro de ellos, que si en algún momento se sienten amenazados por otra persona, inmediatamente se ponen a la defensiva. Esto lo hacen convirtiendo cada situación, por calmada que sea, en un argumento o desacuerdo caracterizado por la presencia de coraje. Ya aquí, todos los que traten de comunicarse con ellos entran en guerra poniéndose a la defensiva, cerradas y listas para utilizar sus armas al instante que se sientan amenazados.

¿Es la mala comunicación otra forma de comunicación?

La base y fundamentación principal de la mala comunicación (la falta de expresión de sentimientos y el predominio de coraje), indica que aunque técnicamente, y por definición, ésta puede llegar a ser un método más de comunicación efectiva (recuerde el ejemplo donde se demuestra que aun durante la mala comunicación, *Propósito = Impacto*), realista y prácticamente no es un método adecuado de comunicación. El énfasis principal de la comunicación está en el poder crear comprensión y acercamiento o intimidad entre dos o más personas. Durante la mala comunicación esto no sucede; ya que ésta sirve como campo de batalla donde reside el coraje, las personas que lo utilizan vienen preparadas para pelear, no para hablar. Pelean no con espadas o con pistolas, sino con armas mucho más peligrosas y dañinas, tanto emocional como psicológicamente; pelean con piedras. Éstas son nada menos que palabras, frases, silencios y aun movimientos y posturas del cuerpo, las cuales surgen como resultado del coraje.

La mala comunicación es el lenguaje del coraje de personas impedidas a nivel de sentimientos, que nunca tuvieron la oportunidad de expresarlos ni de reaccionar emocionalmente a las diversas situaciones que tomaron lugar en su vida.

¿Por qué practicar la mala comunicación?

Para responder a esta pregunta, necesitamos modificarla para que se lea de este modo: "¿Por qué expresar coraje?" Los sentimientos buscan expresión, al igual que el agua busca su nivel. Cuando todo tipo de sentimientos son constantemente reprimidos por años, llega un momento en el cual aquellas defensas que utilizamos para mantenerlos fuera del consciente se debilitan y se quiebran, dando lugar a que el peso de estos sentimientos reprimidos derriben las paredes de nuestras propias defensas. El resultado es que los sentimientos son expresados, no individualmente, sino como un bulto masivo de coraje.

Este proceso se puede comprender más fácilmente por medio del siguiente ejemplo. Las personas que practican la mala comunicación son individuos que reprimen o guardan sentimientos, de la misma forma que un globo retiene aire. Cada vez que un sentimiento es reprimido, es como si se le introdujese al globo un soplido más de aire. Hay un momento en el que las paredes del globo llegan al límite de su resistencia y en un soplido más, explota. Justo en el punto de explosión, el aire no se escapa soplido a soplido como fue originalmente introducido al globo, sino que encuentra escape en una explosión singular. Los sentimientos funcionan de forma similar. Al ser reprimidos por largos periodos, tienden a buscar escape. Al encontrarlo, sucede en forma de coraje colectivo; coraje antiguo sumado al del presente o aun a coraje anticipado.

¿Por qué practicar la mala comunicación? También nos convertimos en malos comunicadores con el propósito de proteger nuestras ideas y creencias de debilidades y fallas personales. El enojo funciona como una forma de alejar a las personas que se nos acercan demasiado. También tiene el propósito de remover el enfoque de nuestras debilidades y colocarlo en el coraje. La idea es similar al comportamiento de la cobra. Cuando ésta se siente amenazada, se infla y ensancha su piel en ambos lados de la cabeza para parecer más grande y con mayor masa frente al enemigo. El propósito de esta conducta es intimidar al predador. Nosotros como humanos, también nos sentimos amenazados y vulnerables. Generalmente, y bajo estas circunstancias, usamos el coraje para intimidar a las personas y, por tanto, cambiamos el enfoque de nuestras debilidades y lo colocamos sobre una falsa demostración de poder.

Básicamente el coraje es un vehículo para la expresión de sentimientos reprimidos. Este coraje bloquea e impide la posibilidad de reconocer aquellos sentimientos que llevamos dentro de nosotros. En otras palabras, nos enojamos lo suficiente para no pensar sobre ningún sentimiento o sentimientos que puedan ser difíciles de aceptar, particularmente aquéllos relacionados con dolores y heridas emocionales.

¿Qué forma suele tomar el coraje cuando encuentra expresión y escape?

¡Piedras!

Lanzar piedras

La escena: una relación.
El campo de batalla: la comunicación.
El asunto: una guerra.
Las armas: palabras, frases, conductas no verbales...todas conocidas como **piedras**.

El escenario ya está listo para la mala comunicación.

Simplemente definido, tirar o lanzar piedras es el intercambio negativo entre dos o más personas, el cual incluye una serie de desacuerdos, insultos, quejas mutuas, críticas y otros tipos de conductas verbales y no verbales, que culminan en un impacto negativo. Puede entenderse como un ciclo de impactos negativos tras de sí, donde se intensifica progresivamente el deseo en cada persona de herir a la otra, o de vengarse por asuntos del pasado aún no resueltos. Esta situación surge como una batalla de palabras, en la que frases negativas y sumamente dañinas –a las que llamaré **piedras**– son lanzadas mutuamente, con tres propósitos específicos.

1. La razón principal por la cual muchas personas practican esta forma de conducta negativa, está directamente relacionada con la idea de creer que sus debilidades y fallas personales pueden quedar públicamente expuestas al escrutinio o al alcance de otros,

además de expuestas ante ellos mismos. Cuando esto sucede levantan sus defensas tratando de cubrir dichas debilidades y fracasos. Estas personas logran hacer esto, alcanzando llegar hasta el nivel coraje, donde los sentimientos de dolor no son fáciles de reconocer y no están al alcance de otros. Muchas veces, ni ella misma llega a tener acceso a sus propios sentimientos de dolor, ya que éstos están sumamente reprimidos y convertidos en coraje. De este modo, lanzar piedras puede convertirse en una estrategia protectora y defensiva, que tenga como propósito preservar emocionalmente al individuo, además de mantener los sentimientos a nivel inconsciente, donde no lo dañen. Imagínese a la esposa que cree que su esposo le ha sido infiel. Cada vez que ella trata de enfrentarse a él con sus sospechas y le hace preguntas al respecto, él reacciona violentamente. Como resultado, la esposa evita tales confrontaciones con tal de no tener que enfrentarse a las reacciones violentas de su esposo. Lo que hace el esposo es distraer a su esposa para que no continúe investigando su infidelidad. Esto lo logra inyectando violencia a la relación como agente desviador o truco manipulativo, el cual eventualmente se convertirá en el enfoque de la discusión. Al hacer esto, no sólo deja la esposa de lidiar con este problema, sino que también el esposo puede reprimir sus propios sentimientos al respecto, lo que le evitará tener que seguir con esta incómoda situación.

2. Otra razón por la que algunas personas caen víctimas del proceso de lanzar piedras, es por hacerlo como respuesta o desquite a alguna agresión. En estas situaciones, la persona que ha sido agredida no encuentra otra alternativa más que el desquite. Esto lo logra hiriendo al agresor, tanto emocional como psicológicamente. La forma en que este tipo de situación sucede, requiere de dos puntos críticos:

a) Un incremento repentino en el nivel de coraje de la persona, causado por un ataque o agresión poderoso.
b) La pérdida de control por parte de la persona agredida, la cual no encuentra otra forma de enfrentarse al ataque, excepto que unirse al agresor a nivel coraje.

3. La razón más obvia, sin embargo, es la necesidad de liberar o darle escape a los sentimientos de dolor que no han sido expresados, y se han convertido en corajes amargos y "fermentados". Nuevamente, refiriéndonos al ejemplo del globo utilizado en el capítulo dos. Los globos tienen la capacidad de servir por mucho tiempo, si somos cuidadosos de no sobreinflarlos. Podemos crear un plan para inflarlos hasta cierto límite, después del cual tendríamos que dejar escapar aire para, de este modo, poder regular la presión dentro del globo. Ya que esto haya sucedido, podemos volver a soplarle aire según se va desinflando con el tiempo, hasta llegar a la marca designada como límite. Si llegáramos a pasarnos de esta marca, tendríamos que dejar escapar aire de nuevo. Esta actividad de inflar y desinflar se convertiría en un proceso que nos aseguraría la existencia del globo por largo tiempo. Obviamente que si lo que introducimos dentro del globo, es aire éste es lo que debe escapar cada vez que tengamos que desinflarlo y regularlo. Si le introducimos helio, helio sería lo que dejaríamos escapar.

Apliquemos este mismo ejemplo a la situación del coraje. Si cada persona es un globo que se llena con heridas emocionales y sentimientos de dolor, debe llegar un momento en que se liberen o se dejen escapar algunas de estas heridas para poder crear espacio adicional. Lo que se liberaría, si se procede adecuadamente, serían los sentimientos de dolor, de forma directa y sin la presencia de coraje. Estos momentos se llaman **puntos de liberación**. Sin embargo, opuesto al aire, las heridas emocionales y los sentimientos de dolor pasan por ciertas transformaciones cuando su procesamiento es inadecuado. Esto resulta en que dichos sentimientos se conviertan en corajes amargos y "fermentados". Por tanto, cada vez que se llegue a uno de estos puntos de liberación, se tenderá a liberar dolores y heridas antiguas, expresadas como coraje.

> *Dolor emocional no expresado = coraje*

Para no llenarnos de coraje nuevamente, ya que hayamos liberado algunos de estos sentimientos y emociones, necesitamos expresar frecuentemente el dolor emocional que sentimos, al momento en que se siente. Esto se logra haciéndole saber a la persona responsable de habernos herido, que nos causó dolor emocional. Es exactamente esta expresión de dolor emocional la que previene que estos sentimientos se "fermenten", se acumulen y se conviertan en coraje estancado dentro de nosotros mismos.

EL DESARROLLO DEL PROCESO DE LANZAR PIEDRAS

Existen muchos tipos de piedras que son utilizadas por aquellos que practican la mala comunicación. Todas éstas varían en peso y en tamaño. Las características de cada piedra que existe en el arsenal de cada persona, al igual que las de cada piedra que se elige para lanzar, están basadas en el grado de coraje que la persona ha dirigido internamente hacia sí mismo. El proceso de elegir qué piedra utilizar durante situaciones específicas pasa por medio de un proceso de desarrollo y madurez que depende de la madurez de cada persona. Por ejemplo, los niños pequeños tienden a utilizar como piedras palabras y frases menos sofisticadas, así como conductas no verbales, con el propósito de herir a otras personas durante esta guerra de palabras. Sus piedras suelen ser palabras, frases y conductas o comportamientos que van a la par con el nivel de desarrollo en el que se encuentran en ese momento. Por ejemplo, mientras el niño es pequeño, las piedras que utiliza son generales y de bajo nivel agresivo. No es nada fuera de lo común escuchar a un niño de seis años utilizar la siguiente frase como piedra: "Tu mamá es gorda." Conforme el niño crece y se desarrolla, las piedras se transforman. Un niño de 12 años puede decir con una media sonrisa en sus labios: "¿Eso es tu auto?", al referirse al autómovil desgastado de la otra persona, la cual tal vez no posee fondos económicos para comprarse uno mejor. Esto es un comentario doloroso y sarcástico que ridiculiza al dueño del auto. Eventualmente y conforme el niño se va aproximando a una edad adulta, las piedras que utiliza son dirigidas a objetos o situaciones mucho más específicas. De igual modo, estas piedras se convierten en armas sumamente fuertes y peligrosas en contenido.

La infancia

Podemos mirar hacia atrás, a los tiempos de nuestra infancia y ahí podemos encontrar e identificar conductas en los niños, que pueden ser consideradas e interpretadas por sus padres o miembros de la familia como piedras. Por ejemplo, la mayoría de nosotros ha escuchado a un niño llorar cuando tiene hambre. Si no se le da alimento inmediatamente y la persona que lo cuida trata de calmarlo dándole besos, la reacción típica del niño es de rechazar al adulto. Con esta actitud el niño está diciendo: "No te quiero a ti en este momento, yo quiero mi alimento." Esta conducta puede ser fácilmente interpretada por un padre como una piedra, en la forma de un rechazo o gesto doloroso. El peligro está en que cuando los padres (algunos no están capacitados para poder trabajar adecuadamente con sus propios niveles de coraje y/o dolor emocional), reaccionan a estas piedras lanzadas por sus hijos, lanzándoles sus propias pedradas. La mayoría de las veces, las piedras que los padres lanzan como represalia o desquite, pueden llegar a tomar la forma de castigos físicos comúnmente conocidos como abuso infantil. Aquellos padres que aún no logran aprender cómo procesar sus propios sentimientos y coraje adecuadamente, tampoco tienen la capacidad de procesar los de los demás de la misma manera. Sus hijos pequeños no son la excepción.

Piedras utilizadas por niños pequeños:

- *Dar la espalda a los adultos.*
- *Llorar cuando se le quita de los brazos de una persona con la que se sienten cómodos y seguros.*
- *Utilizar frases como "tu madre", con el fin de insultar.*
- *No permitir que otros niños jueguen con sus juguetes, aunque no los estén utilizando*
- *Excluir a ciertos niños de pertenecer a su grupo de amigos.*
- *Usar el método del silencio.*

La niñez temprana

Al observar el proceso evolutivo del ser humano, cuando el niño llega a su primer año de edad, éste exhibe diferentes tipos de conductas desafiantes, las cuales pueden ser utilizadas como piedras. Durante este periodo los niños aún consideran que el mundo gira alrededor de ellos. Quieren todo lo que ven y lo quieren en ese momento, no dentro de una hora. Imagínese usted a un niño de un año de edad que constantemente insiste en que se le permita ir al patio de la casa, sin embargo, su madre no se lo permite porque hace mucho frío y teme que se enferme. El niño vuelve a pedirle permiso a su madre, pero ella no se lo da. En este caso, el niño comienza a llorar continuamente con el propósito de hacer que ella cambie de parecer. Esto no le trae ningún resultado satisfactorio al niño. Su madre continúa negándose a darle el permiso que él desea. Después de algunos minutos, la abuelita lo carga en sus brazos y comienza a jugar con él. Luego de algunos minutos, la mamá ve que el niño está contento y decide cargarlo. Deseando jugar él, extiende sus brazos hacia el niño con la esperanza de que éste vaya hacia ella. Como resultado el niño rápidamente le da la espalda y se abraza fuerte del cuello de su abuelita. ¿Es esto una pedrada lanzada por el niño? Claro que sí lo es. El niño siente coraje hacia su madre porque ésta no le concedió lo que deseaba: salir al patio. Por tanto, reacciona demostrando que ya no la quiere. El niño expresa claramente su coraje en forma de rechazo hacia ella; esto es una pedrada. De nuevo, justo a este nivel y en este preciso momento, aquellos padres que no son capaces de trabajar con sus sentimientos de dolor y coraje de forma efectiva, pueden interpretar la conducta de este niño como un desafío o reto a su autoridad. Dada esta situación, este padre o madre puede reaccionar lanzando sus propias piedras en forma de insultos verbales o castigos físicos. Esto se convierte rápidamente en una competencia de poder entre el padre o madre y el niño. Una de las características subyacentes en la mayoría de los problemas de la mala comunicación son los conflictos creados por las competencias de poder y control; esto se discutirá a fondo en un próximo capítulo.

No es nada fuera de lo común ver a un niño de seis o siete años de edad, por ejemplo, utilizar piedras en forma de conductas físicas, tales como dejar de respirar cuando no se le da lo que exige. Eventualmente, el niño aprende cuáles son las debilidades de sus padres y de las personas que lo rodean. Fácilmente se convierte en un experto con la capacidad de encontrar y descubrir cuáles son las piedras adecuadas para lanzar, así como el lugar preciso dónde lanzarlas para que sean más efectivas.

Niños en edad escolar

Este es el periodo normal del proceso del desarrollo, donde piedras verbales se integran a los patrones de la comunicación. Este es también el punto donde el arte de la mala comunicación es claramente definido y perfeccionado. Durante este periodo, no es raro encontrar que los métodos de comunicación (tal vez sea más apropiado llamarle "mala comunicación") utilizados por estos niños, incluyen la expresión de coraje por medio de guerras de palabras que frecuentemente incluyen la repetición de una frase específica. Aunque el contenido de la frase se mantenga constante, los niños cambian los modificadores de la frase según la van repitiendo, de este modo intensifican el efecto del ataque. Lo que realmente hacen con este tipo de conducta reiterativa, con cambios de modificadores, es expresar el incremento del nivel de coraje que poseen conforme la batalla de pedradas progresa.

Ejemplo:

Diálogos	Comentarios
NIÑO 1 (Dirigiéndose al niño 2): –Déjame jugar con tu pelota, ¿sí?	Pregunta inicial.
NIÑO 2: –No puedo.	
NIÑO 1: –¡Pero tú no la estás usando!	Se ha creado un estado de confusión.
NIÑO 2: –¿Y a ti qué te importa? ¡La pelota es mía!	El niño se siente presionado y opta por desquitarse lanzando una pequeña piedra.
NIÑO 1: –¡Eres un estúpido!	El nivel de coraje del niño 1 comienza a incrementar y, por tanto, responde lanzando una piedra.
NIÑO 2: –¡Tú eres el estúpido!	El coraje continúa aumentando. El niño 2 lanza una pedrada más fuerte aún.
NIÑO 1: –¡Tú eres el doble de estúpido!	Piedra. Más grande en tamaño. Frase repetitiva demuestra el incremento en los niveles del coraje.
NIÑO 2: –¡Y tú eres estúpido desde aquí hasta la luna!	Piedra. Más grande en tamaño. Demuestra coraje ya en altos niveles. Note el cambio de modificadores conforme el nivel de coraje incrementa.

Esta situación es común para la mayoría de los niños durante alguna etapa de su desarrollo. Ser un mal comunicador no es algo "horrible". Todos los seres humanos practicamos la mala comunicación y aun entramos en guerras de lanzar piedras alguna vez en nuestra vida. Por lo general, nuestras etapas de mala comunicación sólo nos llevan a desacuerdos leves y a uno que otro insulto. Lo que en realidad hace que los malos comunicadores sean peligrosos es el nivel o el grado de severidad de sus conductas y/o comportamientos. El combate de palabras o de piedras caracterizado por niveles bajos de severidad es casi inevitable. Las palabras de coraje son parte de nuestro vocabulario de sentimientos, de nuestro receptáculo, el cual contiene todas aquellas emociones que poseemos y que vamos acumulando durante el transcurso de nuestra vida. Sin embargo, cuando estos combates ocurren con frecuencia, el coraje se incrementa a niveles peligrosos, entonces la mala comunicación se activa y ciertos daños (psicológicos, emocionales y hasta físicos) tienen un alto índice de probabilidad de suceder. Es importante estar conscientes y al tanto de lo que sucede dentro de cada uno de nosotros para, de esta forma, llegar a adquirir mayor conocimiento y acceso a nuestras reacciones y procesos transaccionales.

Ya que todo ser humano generalmente reprime muchos de sus

sentimientos, también permite que se "fermenten" y se transformen en coraje; como resultado, se lanzan piedras. Sin embargo, aun aquellos que lanzan piedras tienen la capacidad de lanzar rosas. Las rosas son básicamente esas frases positivas, halagos, pensamientos de estímulo y ánimo al igual que expresiones honestas de sentimientos; todos compartidos en forma no adversaria. Todos nosotros formamos parte de una colección de personalidades y características cuyos límites están polarizados. Uno de estos polos está diseñado para aquellos que sólo lanzan piedras; el otro, para aquellos que lanzan rosas. Los seres humanos no podemos existir en ninguno de estos polos exclusivamente; no somos ni uno ni el otro extremo, sino una combinación de los dos. Existe en nosotros la capacidad de balancear nuestras vidas, de expresar frases positivas y animadoras, al igual que de expresar enojo y agresión en varios grados. No hay específicos, no hay exclusividad. No existen en este mundo dos personas idénticas.

La adolescencia

La adolescencia es uno de los periodos más difíciles dentro del proceso de desarrollo de los niños, no sólo para ellos, sino también para sus padres. Los adolescentes son básicamente niños en transición, no jóvenes adultos. Frecuentemente quedan atrapados entre el casi convertirse en adultos y el casi dejar de ser niños. Como resultado, muy a menudo se sienten rechazados y piensan que no pertenecen a ningún lado; ni al grupo de "gente grande", ni al de los "niños". Cuando estos adolescentes desean llegar a altas horas de la noche o usar el auto de la familia, entonces se sienten como adultos, exponiendo exigencias y demandas. Sin embargo, cuando necesitan dinero para comprar sus almuerzos en la escuela o cuando necesitan que les laven la ropa, entonces se transforman en niños buenos e inocentes… ¡Qué confusión!

Uno de los errores más comunes que cometen los padres de adolescentes es considerar que éstos son jóvenes adultos. Al hacer esto, muchos de estos padres comienzan a dejar de expresar afecto y cariño hacia sus hijos, pensando que ya están demasiado "grandecitos" como para necesitar muestras afectivas. Los adolescentes, cuyas necesidades emocionales aún son las de los niños, encuentran que las de recibir cariño y afecto, además de las de ser aceptados y protegidos no están siendo complacidas ni llenadas. Como resultado, comienzan a rebelarse (conductivamente, por medio de la vestimenta, apariencia y lenguaje). No es nada fuera de lo común que estos adolescentes comiencen a tomar parte en batallas de control con sus padres, quienes se encuentran atrapados entre sentimientos de confusión, al no saber lo que deben sentir hacia sus hijos adolescentes y la frustración que surge al no tener la capacidad de disciplinarlos adecuadamente. Conforme el adolescente batalla para obtener poder y control, sus padres se sienten extremadamente intimidados por los cambios que notan, esto ocasiona que se conviertan en padres defensivos y competitivos, al disputar el poder con sus hijos. Por ejemplo, el padre cuyo hijo se rehúsa a llegar a casa temprano e insiste en llegar después de las 12:00 de la noche, puede encontrarse en medio de una terrible disputa por poder cuando trate de exigirle a su hijo que llegue antes de las 10:30 de la noche; una orden que el adolescente probablemente ignore.

Los adolescentes tienden a utilizar piedras de diversos tipos. Muchas de éstas pueden ser sencillas, como las que utilizan los niños pequeños, y otras pueden ser fuertes y poderosas, como las que lanzan los adultos. Por ejemplo, los adolescentes que carecen de madurez, generalmente utilizan piedras en forma de rebeldía, mala conducta, vestimenta y apariencia que va en contra de las tradiciones y expectativas de la familia, fumar, recámaras desordenadas y hasta llegar al grado de participar en conductas antisociales, tales como robar y consumir drogas. Los adolescentes con mayor madurez tienden a utilizar palabras fuertes, frases dañinas y conductas no verbales como piedras, para lograr expresar su coraje; muy similar a lo que hacen muchos adultos.

Cuando tratamos con adolescentes, debemos mantener en mente que éstos aún siguen siendo niños que necesitan expresiones afectivas y sentirse protegidos y queridos. Estos niños necesitan seguir un plan de disciplina que tome en consideración dos puntos de suma importancia:

1. Los adolescentes aún son niños que necesitan seguir ciertas reglas.
2. Los adolescentes son seres en transición y, por tanto, deben recibir cierto grado de autonomía para poder validar sus sentimientos de independencia de forma sana, saludable y razonable.

Claro que la comunicación con los adolescentes debe ser a nivel de sentimientos, tanto del adolescente hacia sus padres como de éstos hacia aquél. Recuerde que si usted comienza a comunicarse adecuadamente con sus hijos desde que son pequeños, cuando éstos alcancen el periodo de la adolescencia, les será mucho más fácil continuar comunicándose de forma abierta y efectiva.

Piedras utilizadas por adolescentes:

- *Rebeldía.*
- *Desobediencia a figuras autoritarias.*
- *Vestimenta inapropiada.*
- *Corte de cabello inapropiado.*
- *Fumar.*
- *Contestarle a sus padres (u otros adultos) de mala forma.*
- *Utilizar lenguaje inapropiado (obscenidades).*
- *Ser desafiantes.*
- *Excluir a otros de su grupo de amistades.*
- *Usar el método del silencio.*
- *Burlarse de los defectos de los demás.*

La edad adulta

Muy parecido a los niños, también los adultos suelen practicar la conducta de lanzar piedras durante la mala comunicación. Sin embargo, lo que sucede típicamente es que los adultos lanzan pedradas mucho más sofisticadas, como frases y pensamientos enfocados y cargados de gran capacidad para dañar. Además, las piedras utilizadas son más específicas. Esto no es siempre el caso, ya que hay adultos que durante un ataque de pedradas, pueden retroceder y usar piedras de tipo primitivo y menos sofisticado si el nivel de coraje se incrementa lo suficiente y el autocontrol disminuye o se pierde por completo.

QUÉ PIEDRAS UTILIZAR

El método complejo e intrincado que las personas utilizan para determinar qué piedras usar, generalmente depende de tres características. Primero, la forma en que las personas utilizan o eligen piedras, en gran parte depende de cómo interpretan subjetivamente la realidad de la otra persona. Esto quiere decir que la mayoría utiliza el tipo de piedras que considera que van a causar el mayor daño y dolor posible. Si durante el proceso de comunicación con otra persona consideramos que ésta ha utilizado palabras o conductas no verbales que nos ultrajan o insultan, más fuerte será el ataque que lanzaremos para desquitarnos. Conforme practicamos más a menudo este tipo de reacciones, más rápido nos convertimos en expertos en descubrir cuáles son las debilidades de la otra persona, para poder utilizarlas como el blanco de nuestras pedradas. En otras palabras, nuestro enfoque será identificar las áreas más sensibles, donde el impacto de las pedradas sea más intenso. Luego encontramos las piedras apropiadas que causen el mayor daño. Esta es una técnica de sobrevivencia. Todo ser humano aprende estas estrategias muy temprano en su vida, como fue explicado anteriormente. Por ejemplo, en una situación donde sabemos que alguien se siente incómodo con ciertos aspectos de su apariencia física, como una nariz demasiado grande o dientes salidos, las piedras que les lanzaríamos serían burlarnos de estos aspectos físicos. El lenguaje preciso que utilizaríamos para esto sería premeditado y bien calculado.

Una situación por la que yo pasé en la escuela primaria, sirve de ejemplo para mostrar mejor la situación mencionada. Durante toda mi infancia siempre estuve bastante pasadito de peso (usualmente digo que era "bastante saludable", pero…en fin). En el tiempo que estuve en la escuela primaria, recuerdo haber sido siempre el último elegido por mis compañeros cuando se trataba de seleccionar equipos deportivos. Nadie quería tener a un gordito, ya que esto significaba la pérdida segura del partido. Sin embargo, siempre fui el primer elegido para participar en concursos académicos, representando a mi escuela. En una ocasión en particular, mi vecino (el niño con quien tenía yo las guerras de piedras, mencionado en la introducción de este libro), compitió con cinco estudiantes para ganarse la oportunidad de representar a nuestra escuela en una competencia de escritura (yo era uno de los cinco aspirantes) a nivel regional. Mi vecino sabía que generalmente yo alcanzaba buenos lugares en estas competencias preliminares, sin embargo, esta vez él estaba seguro de ganar. Cada uno de los cinco aspirantes presentó un ensayo original, que sería evaluado y por medio del cual se elegiría al estudiante que representaría a nuestra escuela. Yo gané.

La reacción de mi vecino fue de intenso coraje. Al enterarse de mi triunfo, me empujó y me acusó de haber sobornado a los jueces, regalándoles pasteles hechos en casa. En medio de sus acusaciones, me gritó: "¡Tú nunca vas a ganar; no puedes. No eres más que un zeppelín gordo. Tus manos son tan gordas que no puedes ni sostener un lápiz!" Este niño sabía muy bien que yo era una persona que reaccionaba con gran sensibilidad a cualquier comentario hecho sobre mi peso. Aun a esta temprana edad, él tenía la capacidad de herirme emocionalmente, así como sentirse herido, por el resultado de mi selección.

Otra característica que puede afectar la forma en que utilizamos las piedras, es nuestro sistema o mecanismo de filtros, o el de las personas que nos rodean. Si una persona está comunicándose con nosotros y percibimos que se comporta de forma agresiva (sea nuestra percepción correcta o no), nuestra reacción generalmente es la de desquitarnos en forma similar, lo que causará que la otra persona se desquite con nosotros, y luego nosotros con ella como en un círculo vicioso. Nuestras reacciones dependen de los filtros que tenemos activos y que, por tanto, influyen sobre nuestras transacciones (recuerde el ejemplo de los anteojos contra el sol). Esta es la razón por la que es tan importante tener nuestros filtros activos a nivel consciente antes de comunicarnos con otras personas.

Finalmente, nuestro propio nivel de autocontrol en cualquier situación particular afecta enormemente la forma en que utilizamos las piedras. Nuestra capacidad para mantenernos calmados en tiempos de estrés y crisis es un factor crucial que determina la necesidad de utilizar piedras. Este concepto será discutido más ampliamente en otros capítulos. Ahora, el siguiente ejercicio le puede ayudar a reducir la velocidad con la que reacciona y responde al coraje de otras personas, cuando lo interpreta como ataque. En estos casos, la tendencia inicial es responder por medio de desquites violentos, por medio de pedradas lanzadas a la(s) persona(s) que creemos que nos agreden.

Si usted se siente atacado(a):

1. *No responda inmediatamente.*
2. *Déjele saber a la otra persona que necesita estar solo(a) para calmarse.*
3. *Váyase a otro cuarto donde pueda estar solo(a).*
4. *Póngase en contacto con su cuerpo y busque las señales de presencia de coraje.*
5. *Tómese un tiempo adicional para calmarse y controlar sus emociones.*
6. *Conecte el coraje al sentimiento (herida o dolor emocional) que lo causó.*
7. *Ensaye varias veces lo que va a decir, de forma calmada, cuando regrese.*
8. *Después comuníquele a la otra persona lo que hizo que usted se sintiera así. Haga esto a nivel de sentimientos, no acuse ni critique.*
9. *Anime a la otra persona a que comparta sus sentimientos sobre la situación que acaba de suceder.*
10. *Sugiera maneras más apropiadas y efectivas de comunicarse entre ustedes en situaciones futuras.*

Lo que hay que mantener en mente es que lanzar piedras tiene consecuencias devastadoras. La meta de todo aquel que lanza piedras es: *dañar la autoestima y el amor propio de la otra persona.* El resultado o el daño creado por esto es más dañino y toma más tiempo en sanar que el daño causado por agresión física. El daño causado por las piedras puede estar presente durante toda la vida de una persona, especialmente si este daño está relacionado con las áreas de extrema sensibilidad en la víctima del ataque. Sin embargo, no todos los daños causados por piedras tienen consecuencias tan severas, algunos pueden ser tan sencillos como irritación temporal, sentimientos heridos o hasta desaliento o desánimo. Otros daños sí incluyen consecuencias que afectan relaciones, como en el caso de los matrimonios, que pueden llegar hasta el divorcio como resultado de la mala comunicación.

TIPOS DE PIEDRAS

Aunque los adultos tienen un sinnúmero de piedras a su alcance, existen algunas que son utilizadas con mayor frecuencia. ¿Cuántas de las siguientes ha utilizado en un momento u otro de su vida? Examinemos algunas de ellas más a fondo.

Piedras utilizadas por adultos:

- *El silencio.*
- *Honestidad brusca.*
- *Recuerdos de eventos negativos o dolorosos del pasado.*
- *Conductas no verbales.*
- *Referencias negativas de familiares.*
- *Burlas acerca de áreas sensibles o debilidades personales.*

1. El silencio. Comúnmente llamado el **método del silencio.** ¿Cuántos de nosotros podemos ser lo suficientemente honestos(as) y admitir que hemos utilizado este método alguna vez? La mayoría, si no todos nosotros, ha puesto en práctica este método. Funciona de este modo: la persona enojada opta por no responder a ninguno de los insultos o pedradas que se le lancen y mantiene un código de silencio por cierto tiempo. El método del silencio también incluye evadir las miradas, caminar cabizbajo(a) y tratar de hacerse lo menos conspicuo posible, alrededor de la persona que será la víctima de este método. Este tipo de comportamiento crea altos niveles de coraje en la persona que lo recibe, y no es raro encontrar que trate por todos los medios de hacer que el perpetrador de este castigo cese de hacerlo, usando constantemente la agresión, al lanzar piedras cada vez más grandes, más dolorosas, insultos más dañinos, con el propósito de que el otro reaccione de algún modo y rompa el silencio. La razón por la que este método crea una reacción tan violenta en las personas que caen víctimas de él, es que conforme ésta se siente más y más ignorada, se pone cada vez más en contacto con sus propios sentimientos de insuficiencia o imperfección, con sus inseguridades, con sus derrotas personales y con sus debilidades; esto la hace sentirse fuera de control. Y así, como estrategia defensiva, ataca a la otra al señalarle sus debilidades y fallas, con el fin de recuperar acceso al control que percibe y considera perdido. El resultado es un constante bombardeo de piedras al azar, con la esperanza de que una de éstas pegue en un área sensible de su castigador, y cause que ésta no sólo sufra y pague por el castigo, sino también que deje de someterla al método del silencio.

Este método es un desafío y también el mayor reto al concepto de poder y control de la otra persona. Como este tipo de piedra causa efectos tan severos la mayoría de las personas tienden a reaccionar de forma defensiva y abrupta cuando se percatan de él. La persona que castiga a otra utilizando este método, a veces rompe el silencio, cuando sus niveles de coraje se incrementan como resultado de las piedras lanzadas por la víctima, en acto de defensa propia. El nivel del coraje crece mucho más rápido cuando una de estas piedras le pega en un área de gran sensibilidad. Cuando esto sucede, responde basado en el impacto que el golpe de la pedrada le causó.

El siguiente diálogo muestra una situación entre dos hermanos. Durante ésta, el método del silencio es implementado por el hermano menor, con el fin de herir los sentimientos del mayor.

Ejemplo:

Hm: Hermano menor
HM: Hermano Mayor

Después de enterarse que su dinero había desaparecido del cajón de su escritorio, el hermano mayor (HM) le pregunta a su hermano menor (Hm) si él sabe algo al respecto.

Diálogo	*Comentarios*
HM (Dirigiéndose a su hermano menor): —Marcos, ¿por casualidad entraste a mi recámara esta mañana?	La forma en que se hace esta interrogante puede crear cierta duda en la mente del hermano menor, acerca de las intenciones de su hermano.
Hm: —No	
HM: —¿Estás seguro?	Insistencia que puede incrementar los niveles de coraje.
Hm: —Seguro.	
HM: —Bueno, pues alguien tiene que haber entrado y haberse llevado una cantidad de dinero que yo tenía en el cajón de mi escritorio.	
Hm: —¿Y por qué me estás preguntando?	No saber, o hacer creer que no sabe, incrementa el nivel del coraje del hermano mayor.
HM: —Es que eres la única persona que ha estado en la casa desde la última vez que vi el dinero. Esta mañana, lo saqué de mi billetera y lo dejé en el cajón, por eso es que te lo pregunto. Comprendes, ¿no?	Conforme el hermano mayor expone sus razones, es evidente el incremento de tensión y ansiedad en su forma de hablar. Pero no enfrenta a su hermano directamente, sino que evade una posible confrontación.
Hm: —Ah, claro, es que seguramente yo lo robé.	Señal de incremento en el nivel de coraje. Ironía.
HM: —Yo solamente te pregunté…	
Hm: —¿Por qué mejor no te dejas de rodeos y lo dices claro? ¡Vamos, dilo! ¡Di que yo lo robé! Después de todo, cada vez que algo malo sucede en esta casa, la culpa es indudablemente mía.	Al sentir que ha sido descubierto, o falsamente acusado, el hermano menor comienza a sentir coraje. Sentimientos de dolor emocional del pasado convertidos en coraje comienzan a surgir. Cuando esto sucede, el grado de coraje que encuentra escape, está formado por una conglomeración de heridas del pasado y nuevas heridas del presente.
HM: —Marcos, tienes que haber sido tú. Cada vez que algo desaparece en esta casa, como tú dices, siempre aparece en tu recámara, como por arte de magia…	La expresión directa de un sentimiento llamado honestidad, funciona como una fuerte pedrada en esta situación.
Hm: —¿Entonces me estás llamando ladrón?	Desafío, utilizado como piedra.
HM: —¡Tú eres un ladrón!	Piedra.

Hm: —¡Y tú *eres* un estúpido!

HM: —Sí, claro que soy un estúpido, debo serlo si continúo dejando mi dinero a tu alcance, donde tus dedos de ladrón lo tengan tan fácil. Solamente dime una cosa, ¿por qué lo hiciste?

Hm (Silencio.)

HM: —Marcos, ¿por qué tomaste mi dinero?

Hm (Silencio.)

HM: —¡Te exijo que me respondas en este mismo instante, ladrón! Por algo mamá y papá siempre dejan su recámara cerrada con llave cada vez que salen a alguna parte. ¡No te tienen confianza!

Hm (Silencio continuo.)

HM: —¡Marcos, esta es la última vez que dejo mis cosas sin guardar, donde tú las puedas tomar. Hoy mismo me compro una caja fuerte. Nadie te quiere, por algo es que tu novia te dejó, tampoco ella podía confiar en ti, porque eres un ladrón!

Hm: —Ah, y tú eres un ángel, lo sé. Es que como eres el preferido de máma y papá; te quieren tanto, por eso tienes todo lo que quieres. ¿Cuándo se darán cuenta de que gastas tu dinero para comprar a tus amistades? Por eso es que tienes tantos amigos, si no tuvieras dinero, estarías solito, sin nadie, hermanito.

Pedrada vengativa en respuesta a la piedra lanzada por su hermano.
Una piedra bastante grande y aún más dañina que la anterior.

El *método del silencio* utilizado como piedra.

Acusación y piedra.

El *método del silencio* se convierte en una piedra aún más grande y destructiva, si se continúa utilizando. Este método hace que la víctima pierda la paciencia y recurra a lanzar fuertes pedradas, tal como vemos aquí. Esta es una piedra que proviene de una herida no resuelta del pasado, que ha sido activada y es utilizada para herir y causar dolor.
Piedra.

El hermano mayor busca, como último recurso, palabras y frases más severas para utilizarlas como ataque, con tal de lograr que Marcos le responda. Por lo general, el *método del silencio* hace que la víctima se llegue a sentir impotente e ignorada, lo que causa que ataque con mayor fuerza para lograr cubrir sus propios sentimientos de insuficiencia o imperfección, así como la percepción de que ha perdido el control. Ya que la autoestima está dañada, piedras grandes y fuertes serán utilizadas.
Eventualmente, la persona que comienza a utilizar el *método del silencio* se da por vencida y reacciona con coraje cuando la otra persona lastima su sensibilidad.
De nuevo, asuntos no resueltos del pasado encuentran expresión durante la mala comunicación.
El qué tan herida se sienta la persona, determinará el tipo de piedras que utilizará para desquitarse. En esta situación, el hermano menor se siente sumamen-

te herido y continuará lanzando todas las piedras que pueda, hasta que sienta que ha herido a su hermano lo suficiente como para cobrarse el daño que éste le ha hecho.

Recalcar un punto varias veces es utilizado como piedra para crear un impacto más poderoso.

SUGERENCIAS

Ya que sabemos que existen personas que utilizan el *método del silencio* como un arma poderosa y controlante, ¿es posible desarmarlas? ¡Claro que sí! Para desarmar y rendir a estas personas es importante exponer y sacar a colación esta situación de forma total y lo más rápido posible. Esto se logra identificando su comportamiento cuando usan este método. Se le debe hacer saber a esta persona que estamos conscientes que utilizan este método cuando sienten coraje. Al descubrirlas por medio de esta confrontación, el poder de sus acciones disminuye o desaparece. Luego, necesitamos quitarle el poder del control, dejándoles saber que nos rehusamos a participar en este tipo de comunicación. Inmediatamente debemos ofrecerle una alternativa sobre una forma positiva y diferente de comunicarse. Ya que esta oferta se haya hecho, tenemos que estar dispuestos a hablar con la persona de forma más abierta sobre la situación y los factores que indujeron el uso del método del silencio.

Si después de utilizar y poner en práctica este procedimiento, la otra persona aún se rehúsa a comunicarse de forma adecuada, no se dé por vencido; comience de nuevo y siga tratando hasta que obtenga resultados.

Cómo eliminar el uso del método del silencio:

- *Identifique y exponga la conducta abiertamente.*
- *Quítele el poder a la otra persona.*
- *Ofrezca opciones para la buena comunicación.*
- *Muéstrese dispuesto a discutir la situación.*
- *Si todo esto no funciona, vuelva a empezar y no se dé por vencido(a).*

El siguiente ejemplo ilustra cómo este proceso de eliminar o extinguir el método del silencio funciona.

Ejemplo:

El padre de Ana ha sido siempre el tipo de persona que utiliza el método del silencio cuando se enoja. Ana nunca se ha atrevido a confrontarlo, sino que se retira cada vez que esto sucede. Ahora ella ha decidido tomarse un año de descanso en la escuela. Esto ha causado que su padre se enoje enormemente. Él no le ha dirigido una palabra a Ana desde que se enteró de esta decisión, hace tres días.

Diálogo	*Comentarios*
ANA (Dirigiéndose a su padre): —Papá, necesitamos hablar. No me has dirigido la palabra durante los últimos tres días. Cada vez que te enojas conmigo haces lo mismo. Sé que no estás de acuerdo con mi decisión de tomarme un año de descanso en la universidad, pero necesito hacer esto por mí, ¿me escuchas? **¡Por mí!** Necesito que comprendas eso.	Identificación de la conducta.
PAPÁ (Silencio.)	El *método del silencio.*
ANA: —Papá, si no me respondes, no voy a dejar que tu decisión de no hablarme me moleste. Simplemente me voy a apartar de ti hasta que estés listo para discutir este asunto conmigo. Sin embargo, me gustaría que me dijeras lo que estás sintiendo. Sé que esto es difícil para ti, pero también sé que quieres lo mejor para mí y en este momento esto es lo mejor para mí. Necesito tiempo para relajarme. Este último año ha sido extremadamente difícil y me siento agotada, extenuada. Tal vez tú puedas sugerirme otra forma de hacer las cosas, como tomar sólo una o dos clases por semestre, y no tener que asistir tiempo completo. ¿No crees?	Quitándole el poder a la otra persona. Ana decide cuándo va a hablar con su padre. Él ya no tiene el control de la situación. Ofrezca opciones. Discusión abierta.
PAPÁ: —Ana, sé que este ha sido un año	Comienzo de la buena comunicación.

difícil para ti, pero no puedes darte por vencida ahora. Creo que la idea de tomar una o dos clases por un tiempo es buena... hasta que te sientas más relajada y lista para regresar como estudiante de tiempo completo. Tal vez te podrías contratar un tutor.

ANA: —Tienes razón, papá. No había pensado en eso.

2. La honestidad. Ser extremadamente sincero u honesto, particularmente sobre situaciones y/o áreas delicadas y sensibles, puede ser interpretado como una pedrada dolorosa y dañina. El factor que distingue la verdadera honestidad de la utilizada como piedra, está relacionado con la personalidad del individuo que la expresa, y con la disposición de la persona que escucha el contenido del mensaje honesto. Por ejemplo, todos conocemos personas a quienes no les gusta hablar con rodeos, sino que prefieren ir "al grano", "decir lo que sienten". Para estas personas, decir una frase sincera pero dolorosa es aceptable. Para los que practican un sistema de comunicación diferente, utilizar frases bruscas y confrontaciones difíciles no es de su agrado. Sin embargo, la disposición de quien escucha los comentarios honestos afecta enormemente en la manera en que tales comentarios son interpretados. En otras palabras, los filtros que utiliza el oyente en cualquier momento, influyen significativamente en el impacto del mensaje del emisor o hablante.

El siguiente ejemplo ilustra una relación entre dos mujeres en el supermercado. Susana y Ana han sido amigas por varios años. Ninguna de las dos es el tipo de persona que expresa sus opiniones de forma brusca o directa. Al contrario, ellas son extremadamente cautelosas sobre qué dicen y cómo lo dicen. En este ejemplo, la honestidad por parte de Susana se convierte en una piedra, con el fin de desquitarse de Ana por asuntos del pasado que no han sido aún resueltos.

Ejemplo:

Después de que ambas se encuentran accidentalmente en el supermercado...

Diálogo	Comentarios
SUSANA: —¡Qué sorpresa verte! Realmente no esperaba encontrarte aquí.	

ANA: —Ya ves…alguien tiene que hacer las compras…Mira Susana, siento mucho no haber podido llevarte las otras noches a la reunión de padres en la escuela. Es que estaba tan ocupada, que hasta se me olvidó llamarte.

La culpabilidad es generalmente la razón por la que las personas se disculpen después de sentir que se han comportado inadecuadamente hacia otra persona.

SUSANA: —No te preocupes, yo comprendo. Después de todo, tu auto ya estaba lleno con Rosa y Perla y, esta otra…¡ah!, sí, Rita.

El nivel de coraje comienza a incrementarse. Esto es evidente al percibir la aceptación poco sincera de la disculpa, que además lleva un comentario irónico, el cual tiene como fin causar dolor o herir. Para Susana, éste revela una autoestima herida. Ella se sintió poco importante en la vida de Ana.

ANA: —No, no es que el auto estuviese lleno, además, yo ni las invité. Ellas se invitaron solas y se impusieron, yo…

Ana trata de explicarle la situación a Susana.

Ana siente que si se quita la responsabilidad de sus acciones, Susana la perdonará. La realidad es que ella estuvo siempre en una posición de control, y Susana sabía esto.

SUSANA (La interrumpe): —Ana, querida no hay necesidad de pedir disculpas. Yo comprendo. De todos modos, cuéntame, ¿por qué estás haciendo tú las compras hoy. No es ésta una de las responsabilidades de tu esposo?

La rápida interrupción sugiere niveles de coraje más intensos.

Preparación para lanzar una piedra.

ANA: —Sí pero hoy no se sentía muy bien y decidí venir. Además, él y yo tuvimos un pequeño desacuerdo.

SUSANA: ¿De veras? Cuéntame, ¿qué sucedió?

Se comienza a notar los tonos irónicos. Esto prepara el ambiente para la primera piedra.

ANA: —Sólo un pequeño problema familiar.

SUSANA: —Realmente no sé hasta cuándo vas a llamarle un pequeño problema familiar a que él siga acostándose con tu hermana. ¿Hasta cuándo vas a seguir negando esta situación, mujer?

Una piedra bastante grande en forma de honestidad.

Honestidad cruda y brusca.

ANA: —¡Mira Susana, si yo fuera tú, no

Al sentirse atacada, Ana busca desquitarse

hablaría de mi esposo de esa forma, después de ver lo que tienes tú por esposo! Después de todo, la última vez que al señor se le antojó mantener un trabajo fue hace cinco o seis años, ¿no?

lanzando sus propias piedras en forma de honestidad.

3. Recordando el pasado. Este tipo de conducta es típica en aquellos que practican la mala comunicación. Éstos buscan fallas del pasado o errores que no han sido resueltos, y utilizan esta información para dañar a otras personas. Todos nos hemos sentido heridos o aun enojados, cuando hemos sido parte de una situación donde se ha tratado de arreglar algún desacuerdo y la otra persona menciona algo doloroso o difícil sobre nuestro pasado, que ha quedado sin resolver. En estos casos, este recuerdo aún tiene la capacidad de causarnos dolor emocional. Este tipo de recordatorio usualmente nos sorprende. Como resultado, nuestro nivel de coraje aumenta y terminamos por buscar venganza o desquite contra la persona que nos lo recordó. El recordar eventos negativos o dolorosos del pasado es un arma poderosa que la mayoría de las veces (si no todas), causa reacciones violentas. Estas reacciones varían en grado de violencia. Las más fuertes están relacionadas con aquellos asuntos de nuestras vidas que han quedado sin resolver y que, por tanto, aún existen "fermentados" dentro de nosotros. Así que, mientras menos hayamos tratado de resolver estos asuntos en forma adecuada, más violentas serán nuestras reacciones.

Cuando utilizamos este tipo de piedras, realmente lidiamos con sentimientos de culpa. Si somos culpables de algo y durante una discusión, alguien lo utiliza en nuestra contra, la reacción que tenemos hacia esa persona, es el resultado directo de sentimientos de culpa y coraje no resueltos; éstos están directamente relacionados con la situación específica. Llegamos al grado de proyectar en otras personas nuestros sentimientos de culpabilidad y coraje.

En el siguiente ejemplo, una pareja se encuentra en medio de una discusión. La primera piedra lanzada viene en forma de recuerdos negativos del pasado. Nancy y Carlos están casados desde hace seis años. Sin embargo, Nancy siempre ha tenido dudas sobre la fidelidad de Carlos. Éste sí ha sido infiel, pero nunca se ha atrevido a decírselo a su esposa, por miedo a perderla. Mantener este secreto crea un gran sentido de culpabilidad en él.

Ejemplo:

Diálogo	*Comentarios*
CARLOS (Llama por teléfono a su esposa): —Hola cariño, ¿dónde estabas? Te llamé hace como una hora y nadie contestó el teléfono.	Carlos siente inseguridad y celos de su esposa como resultado de su propia infidelidad. Esto es una forma de proyección.
NANCY: —¿Oye, qué pasó con "cómo estás, cómo va todo, estás viva"? ¿O es que sólo estás interesado en dónde estaba?	La desconfianza que Carlos siente por Nancy le recuerda la que ella siente por él, y las razones que tiene para esto. Como resultado, su nivel de coraje aumenta.
CARLOS: —Es que me dijiste que estarías en casa toda la mañana…	
NANCY: —Me estaba arreglando para irme a trabajar. ¿Acaso quieres que te entregue declaraciones juradas y firmadas por el gato y el perro, que son testigos de haberme visto?	De nuevo la desconfianza es evidente en su modo de expresarse. Comienzan las respuestas y comentarios irónicos. Piedra.
CARLOS: —Mira, no necesitas ponerte así. Todo lo que te pedí fue que…	
NANCY: —¡Ya sé lo que me pediste! Además, ¿cómo puedes preguntarme dónde estaba? ¿Qué tal todas esas noches que *tenías* que trabajar hasta tarde y nadie contestaba el teléfono de tu oficina? ¿Te acuerdas de eso?	Ya enojado, trata de hacerla sentir culpable por su actitud. Trae al presente recuerdos del pasado que hieren al esposo como desquite por haber dudado de ella.
CARLOS: —¡No empecemos otra vez! Siempre sigues con lo mismo, nunca vas a dejar eso atrás. ¡No sigas más con eso, déjalo ya!	
NANCY: —A ti es a quien debería dejar atrás. No soy un objeto de tu propiedad ni tampoco soy una niña. Yo trabajo y también tengo mi propia vida que vivir. ¿Sabías eso? El que tenga que quedarme en casa todo el día limpiando es cosa del pasado. ¡No más!	Piedra. Nivel de coraje alto. Su propio concepto de verse como una mujer que está siendo utilizada. Dándose su lugar y respeto propio.
CARLOS: —¿No es esto justo lo que siempre haces? Cuando las cosas se ponen un poquito difícil, te das por vencida. Igual que cuando	Sintiéndose atacado, Carlos trae asuntos dolorosos del pasado para herir a Nancy y

trataste de regresar a la escuela y no pudiste.

cubrir sus propios sentimientos de culpa. También es una forma de desviar el enfoque de la conversación fuera de él. Esto lo hace con el fin de causar mayor impacto.

4. Conductas no verbales. Existen muchas señales que las personas utilizan cuando se sienten ofendidas o cuando sus niveles de coraje se incrementan lo suficiente como para empezar el ataque de pedradas.

Torcer los ojos, sonreír burlonamente, hacer muecas, mover la cabeza de lado a lado, limpiarse la garganta o hasta dejar a una persona hablando mientras caminamos en sentido contrario, son conductas no verbales que generalmente causan que los demás respondan rápidamente a nivel coraje. Muy parecidas al método del silencio, las consecuencias de estas conductas es que hacen creer que las opiniones y/o ideas de la otra persona no son importantes y deben ser ignoradas o retadas. Las respuestas violentas a estas conductas no verbales sacan a relucir áreas sensibles y profundas, sobre todo en relación con inseguridades y dudas sobre el propio valor personal. Por tanto, estas personas desvían el enfoque de la situación lejos de estas inseguridades, para crear la fantasía de que tienen poder sobre los demás lo cual expresan mediante la agresión. Después de todo, ¿no es por medio de demostraciones de agresión que los animales adquieren poder y control entre su especie?

El siguiente ejemplo muestra el coraje que provocan las conductas no verbales cuando son utilizadas como piedras.

Ejemplo:

Madre e hijo están en medio de una discusión, debido a que éste es bastante irresponsable en relación con sus deberes en la casa.

Diálogo	*Comentarios*
MADRE (Dirigiéndose a su hijo): −¿Ya sacaste la basura?	
HIJO: −Todavía no.	
MADRE: −Entonces hazlo antes de que oscurezca.	Afirmación de control.
HIJO: −Dentro de un rato.	Reta el control de su madre afirmando su propio control.
MADRE: −¡No, Andrés, ahora mismo!	Madre e hijo continúan la disputa.
HIJO: −Mamá, lo voy a hacer después de que termine de hablar con Elena.	

MADRE:	—¡No, Andrés. Cuelga ese teléfono en este mismo instante!	Piedra en forma de una orden. La madre trata a su hijo como niño pequeño y en voz alta, para que Elena (la novia del joven) la escuche. El joven se siente avergonzado y herido, y también responde con una pedrada.
HIJO	(Moviendo la cabeza de lado a lado): —Elena, te llamo luego. (Cuelga el teléfono y retuerce los ojos).	Conducta no verbal usada como piedra. Una segunda piedra que muestra su alto nivel de coraje.
MADRE:	—¡Espérate un momento! ¿Quién te crees que eres para torcer los ojos de esa forma? Soy tu madre y tengo el control en esta casa. Cuando vivas en la tuya, entonces puedes hacer lo que quieras, pero mientras vivas aquí, haces lo que yo diga.	Las dudas sobre sí misma, al igual que sus inseguridades han sido activadas. Inmediatamente responde volviéndose defensiva y criticante. Rápidamente define quién tiene el control. Reiterar su posición le da un mayor sentido de poder. Minimizar el papel del hijo en la familia le permite a ella sentirse aún más poderosa. Sin duda, esta señora se siente sin poder y frustrada en la relación con su esposo, y trata de imponer su papel en la familia y con su esposo, indirectamente por medio de su hijo.

5. Referencias negativas de familiares (madre o padre en particular). Es el tipo de piedras que con más frecuencia utilizan los niños. También muchos adultos critican a los familiares de la otra persona, como si aún fueran niños peleando por un juguete nuevo. La razón por la que este tipo de referencias negativas son tan dañinas y dolorosas es que activan los sentimientos más básicos y primitivos de la relación con aquellos que nos rodean y con quienes más queremos. Es obvio que aun los niños pequeños reaccionan a este tipo de referencias en forma defensiva. Para la mayoría de nosotros, nuestros padres son nuestros modelos y, por tanto, las personas que consideramos que más se acercan a la perfección. Esta es también la razón por la cual no nos gusta aceptar que nuestros padres también cometen errores de vez en cuando. Preferimos negar sus errores con tal de poder continuar manteniéndolos en sus pedestales.

Los siguientes son ejemplos de piedras que se utilizan con mayor frecuencia en las relaciones con familiares:

1. Madre enojada con su hijo: "Eres igual que tu padre de descuidado, frío e irresponsable." ¿Proyección? Sí.

2. Esposo enojado con su esposa: "Las cosas serían mucho más fáciles para nosotros si tu mamá no se metiera tanto en nuestros asuntos…"

El propósito de estas piedras es hablar negativamente de la familia de la otra persona, para herir sus sentimientos.

6. Burlas sobre áreas sensibles o debilidades personales. Este tipo de piedras es bastante dañina para los individuos que son extremadamente sensibles o inseguros sobre características como su peso, apariencia física, manerismos y otras más. De cierto modo, las burlas son lo opuesto al método del silencio; son formas de irritar las áreas más sensibles de la otra persona. Usualmente esto sucede cuando los niveles de coraje son bastante altos. Las reacciones más violentas a esta forma de lanzar piedras les sucede a aquellos individuos que tienen una imagen devaluada, además de una autoestima y amor propio bastante disminuidos. El resultado de este tipo de ataque ocasiona que estas personas se hundan lentamente en un estado profundo de letargo.

El siguiente ejemplo ilustra qué tan dolorosas pueden ser las burlas para quienes las reciben. En esta situación, un padre le expresa a su hijo, el cual está pasado de peso con 45 kg (aprox. 100 libras), su desaprobación sobre su gusto en prendas de vestir.

Ejemplo:

Diálogo	Comentarios
PADRE (Dirigiéndose a su hijo): —Juan, ¿qué tipo de disfraz es ése que llevas puesto, hijo?	El padre ridiculiza a su hijo.
HIJO: —¿Éste? Bueno, es mi nuevo pantalón y mi nueva camisa.	
PADRE: —¿Eso es lo que es? ¡Se ve ridículo! ¿Por qué no te compraste algo normal?	Piedra. Piedra.
HIJO: —Papá, esto es la moda, lo que se usa hoy día. Todos los chicos lo usan.	
PADRE: —¡Quiero que vuelvas a la tienda y que devuelvas todo, pero ya! No quiero que la gente te vea y co-	Preocupación de no ser aceptado por otros. Baja autoestima y amor propio.

mience a decir cosas raras sobre la ropa que mi hijo viste.

HIJO: —Pero papá, a mí me gusta.

Comentario interpretado por el padre como un desafío a su autoridad y poder.

PADRE: —A mí no me importa si te gusta o no. ¡Tienes que devolverlo...ahora mismo!

Declaración de poder.

HIJO: —Pero a mí me gusta.

El desafío se interpreta como piedra, la cual eleva los niveles de coraje del padre.

PADRE: —Juan, ¡no estoy jugando!

HIJO: —Pero a mí me gusta, papá. Esto es la moda.

Continuo desafío; otra piedra.

PADRE: —Explícame una cosa, ¿qué sabes tú sobre la moda y los estilos? ¿No ves lo gordo que estás? Pareces una bola de boliche. Nada de lo que usas te queda bien. Necesitas usar prendas que escondan toda esa gordura lo más posible.

Piedra en forma de burla sobre áreas sensibles o debilidades.

HIJO (Callado, baja la mirada y con una voz casi audible responde): —Está bien.

El amor propio de este niño ha sido totalmente destruido y, al no encontrar salida a esta situación, aprende a aceptar las opiniones y los puntos de vista de su padre.

LA INFLUENCIA DE LOS FILTROS

Para comprender mejor el ejemplo anterior, necesitamos recordar también la influencia que los filtros desempeñan dentro del proceso de lanzar piedras. El grado del daño y del dolor causado por las piedras depende de dos factores. Primero, de qué tan negativa e insultante sea la palabra o frase utilizada; es decir, qué tan grande y pesada sea la piedra. Segundo, qué tipo de filtro se utilice para interpretar el ataque; por ejemplo, si alguien usa la honestidad como piedra y se sabe que esa persona tuvo un día bastante pesado y tenso, el impacto de la pedrada disminuirá significativamente conforme vaya pasando por los filtros; ya que se sabe que el agresor ha tenido un día difícil. Por tanto, podemos comprender su honestidad al pensar: "Esto no tuvo nada que ver conmigo, esta persona tuvo un día pesado y lo está proyectando en mí." Si nuestros filtros no hacen que reconozcamos esta realidad, entonces el impacto será más grande, ya que no tendremos el conocimiento apropiado para discernir situaciones individuales. Por eso, es sumamente importante que siempre estemos conscientes y al tanto de lo que sentimos y de lo que sucede dentro de nosotros mismos. De esta forma, podemos obtener mayor acceso a nuestros filtros y aprender a procesar información con mayor facilidad.

LA RELACIÓN ENTRE EL CONTROL PROPIO Y EL CORAJE

Para determinar qué tipo de piedras serán utilizadas por una persona durante una discusión, hay que ver la relación entre su grado de control propio y su nivel de coraje en el momento particular. Mientras menos control y más coraje tenga en cualquier situación particular, más fuertes y dañinas serán las piedras que lance.

Tener más control propio, combinado con niveles más bajos de coraje, resultará en menos piedras lanzadas al azar, y más piedras escogidas por medio de un proceso de selección más refinado. En otras palabras, mientras más alto sea el grado de control, menos influirá el nivel de coraje al elegir las pedradas. Esto causará que la persona se asegure de que lo que diga sea realmente efectivo para lograr sus intenciones, en vez de lanzar cualquier pedrada, sin medir consecuencias. Sin embargo, mientras menos control propio tenga, mayor será la influencia del papel del coraje al tirar piedras. Por tanto, la persona con mayores niveles de coraje lanzará cualquier piedra. El propósito de esto no es un plan de ataque bien calculado, sino una descarga de sentimientos de coraje y el deseo de herir a la otra persona; cualquier piedra sirve, mientras logre herir. Cegada por el coraje no le importa el daño que causa.

El siguiente esquema muestra una explicación detallada de las características básicas de las piedras que elegimos para lanzar, como resultado de la relación entre el nivel de coraje y el grado de control propio.

Niveles de coraje

		Bajo	Mediano	Alto
Niveles de control	Alto	Las piedras casi no existen. Puede que utilice una o dos como último recurso y durante altos niveles de estrés. Las piedras suelen causar efectos suaves o moderados. Las acciones y movimientos son planeados y calculados.	Las piedras utilizadas son bien calculadas. El daño causado es relativamente pequeño. Sin embargo, puede convertirse en algo devastador según la situación que ocurra. Puede perder el control si se encuentra en medio de altos niveles de estrés.	Utiliza piedras elegidas en forma muy precisa y calculada. Éstas tienen un propósito específico y definido, además de mucha fuerza. *Propósito e impacto* están cuidadosamente calculados. Controla sus impulsos excelentemente.
	Mediano	Evita lanzar piedras. Trata de compartir y de comunicarse a nivel de sentimientos, pero se encuentra con algunas dificultades. Las piedras que llega a lanzar causan efectos suaves o moderados.	El impacto es moderado. Puede tratar dar un paso atrás con el propósito de calmar la situación.	A veces, las piedras son calculadas y bien planeadas. En otras, los comentarios que se intercambien no van a estar relacionados con ninguna de las personas envueltas en el proceso. La habilidad para controlar impulsos oscila entre pobre y moderada.
	Bajo	Tendencia a no utilizar piedras, pero puede que lance una que otra, generalmente de poca fuerza. La elección es básicamente descuidada y al azar.	Utiliza cualquier piedra que encuentra. Sin embargo, el impacto de éstas es relativamente bajo. Las palabras o frases causan menos daño que las que se dicen cuando existe niveles de coraje más altos.	No tiene la capacidad para controlar sus impulsos y utiliza cualquier piedra que encuentre, sin discriminación. La fuerza dominante será el nivel de coraje. Como este nivel será bastante alto, inhibirá la habilidad para tomar decisiones lógicas y racionales.

Esquema 1. Características de piedras, como función del nivel de coraje y del nivel de control propio.

Al examinar este esquema más detenidamente, podemos darnos cuenta de que mientras más alto sea el grado de control propio, más preciso y calculado se convierte el proceso de elegir piedras. Esto es cierto a través de los tres grados de coraje (bajo, mediano y alto). Mientras más bajo es el grado de control propio, más al azar y menos calculado se convierte el proceso de selección, y resulta finalmente en la pérdida de control de impulsos, donde culmina simplemente desahogando coraje. En los niveles medianos de control propio, el proceso de selección de piedras tiende a ser algo calculado, sin embargo, el uso de las piedras es moderado.

Como hemos podido ver, aquellas personas que practican la mala comunicación tienen dificultad para ponerse en contacto con sus sentimientos y con sus experiencias internas; algo que los llevaría a adquirir mayor conocimiento de sus propios filtros, aprender a comunicarse adecuadamente.

SUGERENCIAS

Para saber si está consciente de las clases de piedras que utiliza:

1. Haga una lista de los diferentes tipos de piedras que haya lanzado (ahora o en el pasado). ¿Se sorprende con el resultado? ¿Creía que utilizaba más o menos?
2. Enseguida, trace una línea a la derecha de la primera columna. Al lado de cada piedra, escriba brevemente cuáles son las situaciones donde usa esa piedra con más frecuencia. Por ejemplo:

Columna 1	Columna 2
Piedra	*Situación*
1. El método del silencio.	*Cuando siento que no logro ganar un argumento.*
2. Recuerdos del pasado.	*Cuando me siento atacado.*

3. Por último, haga una tercera columna, donde anote el tipo de sentimiento que siente cuando está en la situación que menciona en la columna 2. Por ejemplo:

Columna 1	Columna 2	Columna 3
Piedra	Situación	Sentimientos
1. El método del silencio.	Cuando siento que no logro ganar un argumento.	Pérdida de control, sin esperanza.
2. Recuerdos del pasado.	Cuando me siento atacado.	Desesperación.

Lo que usted prodrá ver al hacer esta actividad, es cómo reacciona generalmente a sentimientos específicos. La tercera columna representa la forma en que usted se siente en realidad, dada una situación específica. La columna dos representa cómo percibe la situación. Finalmente, la columna uno representa la forma en que usted reacciona. Para evitar lanzar piedras (como las de la columna 1), necesita convertirse en un ser altamente perceptivo de la forma en que usted se siente, bajo diferentes situaciones (columna 3). Al identificar los sentimientos anexados a su coraje, usted podrá hacer la conexión a cada una de las piedras que usted utiliza. De este modo, la próxima vez que se sienta de algún modo específico, podrá no sólo identificar cómo tiende a reaccionar en este tipo de situaciones sino, también, prodrá ponerle un alto a la conducta de lanzar piedras, al igual que podrá expresar sus sentimientos y mejorar su comunicación.

Existen ciertos aspectos de nuestra vida que aún se mantienen en nuestro inconsciente e influyen mucho en la forma en que nos comunicamos. A estos aspectos se les llama **agendas ocultas.** En el siguiente capítulo examinaremos a fondo este fenómeno.

Agendas ocultas

La buena comunicación requiere de un mensaje claro y preciso por parte del emisor al receptor. Sin embargo, un sinfín de obstáculos pueden impedir la comunicación adecuada y efectiva. Generalmente estos obstáculos se manifiestan por medio de los filtros tanto del emisor como los del receptor. En otras palabras, situaciones en la vida del emisor tienen la capacidad de distorsionar la manera en la cual éste envía y entrega sus mensajes. Igualmente, asuntos y situaciones en la vida del receptor tienen la capacidad de distorsionar la manera en la cual los mensajes son recibidos e interpretados por éste. Estos asuntos y situaciones también pueden influir en el impacto que estos mensajes causan al ser recibidos. Uno de estos obstáculos, que tiene la capacidad de influir a grandes rasgos en la forma en que el contenido de los mensajes es recibido y/o enviado, son las **agendas ocultas.** Éstas no son más que situaciones del pasado (recientes o remotas), reprimidas por largo tiempo, que no han sido resueltas o discutidas.

Si a estas agendas ocultas se les permite permanecer reprimidas por largo tiempo, comienzan a buscar y encontrar expresión, llegando a lograr surgir incontrolablemente durante la comunicación. Típicamente, tienen la capacidad de desviar la efectividad de la comunicación, y la tendencia a cubrir o camuflar sentimientos. De este modo, la información o mensaje que finalmente logra expresarse, se manifiesta de forma distorsionada y turbia.

Las agendas ocultas también pueden tener su origen en asuntos recientes o conflictos de la infancia, que nunca lograron encontrar solución. En la mayoría de las discusiones las personas tienen ciertos asuntos o agendas que consideran importante compartir o desahogar. Si éstos no son discutidos en el momento preciso, sino que se niegan y se reprimen, llegan a convertirse en agendas ocultas, que pueden surgir al azar e inesperadamente durante transacciones de comunicación. Si esto sucede, éstas llegan a influir de gran forma en el proceso y resultado del intercambio comunicativo.

En el ejemplo del capítulo anterior con Carlos y Nancy, la relación fuera del matrimonio (infidelidad) por parte de él se convirtió en una agenda oculta. Nancy jamás había tratado este problema abiertamente por medio de una confrontación directa con Carlos. Éste por su lado, nunca se había atrevido a admitirle a Nancy que había sido infiel. Ambos poseían sentimientos asociados con la infidelidad, los cuales encontraban cierto nivel de expresión durante discusiones y argumentos en forma de piedras poderosas. Estas agendas ocultas también eran un gran manantial de coraje, como suelen ser la mayoría de las veces.

Un ejemplo aún más fácil de comprender, y mucho más frecuente, es el ejemplo del niño que llega a resentirse con su padre porque éste, después de darle un beso de "buenas noches" a su hija, evita besar al hijo. Esta actitud es interpretada por el niño como abandono, rechazo, o aun como falta de amor y afecto por parte de su padre hacia él. Este dolor emocional no expresado se convierte en coraje, dado el caso de que no se expresara adecuadamente a nivel de sentimientos.

Las conversaciones, discusiones y comunicaciones que son influidas por agendas ocultas están caracterizadas por un proceso de reciclaje continuo de información, por medio del cual el mismo asunto o situación se continúa discutiendo repetidamente, sin lograr llegar a una solución exitosa. Las conversaciones o discusiones que los malos comunicadores mantienen, usualmente comienzan compartiendo un tema o asunto específico. Poco a poco se van incorporando a la transacción toda una variedad de asuntos o temas, generalmente desasociados y ajenos los unos de los otros. Los temas individuales generalmente no se exploran o se discuten a fondo cuando las agendas ocultas han sido activadas y están operando en la transacción. Lo que sucede es que otros asuntos o temas (relacionados o no relacionados), son interpuestos o inyectados a la discusión, causando caos y confusión. A veces las agendas ocultas se convierten en poderosas piedras. Las guerras de palabras con agendas ocultas están caracterizadas por una lluvia de piedras, lanzadas una detrás de otra, usualmente al azar y sin relación con el tema principal de la conversación o discusión. El resultado es obvio: batallas de pedradas.

Las posibilidades de agendas ocultas son infinitas. Los temas más comunes se relacionan con sentimientos de infidelidad, culpabilidad, falta de confianza por parte de un miembro de la pareja, inseguridad sobre el deseo de seguir dentro de un matrimonio, creer que el otro se casó solamente por conveniencia y no por amor, o hasta por resentimientos causados por la idea de que un hijo quiere más a un padre que al otro. Como ya fue mencionado anteriormente, estas agendas ocultas no son expresadas individualmente, sino como parte de un bombardeo o lluvia de piedras.

En los siguientes dos ejemplos analizaremos cómo funcionan algunos tipos de agendas ocultas. Si desea, trate de ver cuantas de ellas puede identificar en los *Comentarios*, mientras lee los diálogos. Puede que en estos ejemplos existan otras agendas ocultas no incluidas por el autor que usted pueda identificar.

Ejemplo:

Un matrimonio sostiene el siguiente diálogo.

H: Hombre (esposo)
M: Mujer (esposa)

Diálogo	*Comentarios*
M (Luego de enterarse de que su esposo continúa haciendo en secreto llamadas de larga distancia que ninguno de los dos puede pagar): —Realmente no sé hasta dónde piensas llegar con esto. ¿No hablamos ya de esta situación?	La esposa asume el papel de madre. Define quién es el sumiso y quién el dominante. Esto es una pelea por el control de la situación. Piedra.
H: —¿Quién te crees que eres, mi madre? ¡Sabes, creo que ya estoy bastante crecidito para tener a alguien vigilándome todo el tiempo!	Pelea por el control. El esposo reacciona al sentirse amenazado. La pareja no está muy definida sobre cuáles son los límites y las funciones correspondientes de cada uno. Él trata de aclararlos por medio del coraje y la tensión. Piedra.
M: —¡Si no fueras tan irresponsable, no tendría que vigilar todo lo que haces!	Respuesta por medio de una piedra.
H: —Lo que digas. ¿Por qué mejor no te buscas a otro hombre que se deje controlar por ti?	Indiferencia expresada como una piedra. Piedra.
M: —Creo que es una buena idea. Después de todo, si mantengo a alguien, sería ideal que esa persona se esforzara para que el matrimonio funcione, haciendo lo que la esposa pide.	Piedra. Agenda oculta. La esposa resiente tener que mantenerlo y desea que a cambio de esto, él la obedezca.

H: ¿Por qué insistes en restregarme en la cara eso de que me mantienes? ¡Deja de hacerlo de una vez por todas y verás cómo yo estaré bien! ¡No te necesito! No necesito de tu dinero ni de tus constantes restriegos. ¿Por qué no puedes ser un poquito más como mi madre?

Menospreciar el apoyo económico de su esposa es interpretado como una piedra, la cual indica: "No te necesito, ni eres importante para mí."
El nivel de coraje continúa elevándose, lo cual facilita lanzar piedras.
Agenda oculta: el deseo del esposo de que ella sea igual que su madre, finalmente se expresa luego de que los niveles de coraje se incrementan. Este deseo es expresado por medio de constantes comparaciones en las cuales la esposa nunca será lo suficientemente buena, mientras tenga que competir con la madre de él. Ella, por su parte, siempre tratará de esmerarse para lograr ser mejor que la madre de él. El resentimiento surge llevando a las piedras.

M: –¡Tu madre, tu madre, siempre tu madre! ¿No podemos tener una simple conversación sin tener que escuchar algo sobre la santa de tu madre? Debiste haberte casado con ella en vez de conmigo, si crees que es tan perfecta.

Verificación de sentimientos adversos hacia la madre, lo cual la mantiene siempre en constante competencia.

Basándonos en el ejemplo anterior, podemos identificar claramente las agendas ocultas más importantes. Primero, observamos que ambos esposos están bastante inconformes con ellos mismos, sintiéndose imperfectos e insuficientes. Estos sentimientos se manifiestan claramente en las disputas por el poder. Los dos tratan de disimular sus sentimientos de insuficiencia personal, tratando de obtener mayor control dentro de la relación. Esto resulta en resentimientos que culminan en el desquite por medio de pedradas. Una segunda agenda oculta es el resentimiento que siente la esposa al tener que mantener a su esposo. Ella cree que al tener el control financiero, el esposo debe cederle control absoluto sobre todos los otros aspectos de la relación, y ser complaciente y sumiso. Sin embargo, ya que también él está lidiando con la misma necesidad de control, se resiste; por tanto, surgen conflictos. Finalmente, existe otra agenda oculta que está relacionada con los deseos del esposo. Éste quiere que su esposa se comporte igual que su madre. Esto se manifiesta en la competencia obvia que existe entre la esposa y la madre del esposo. Esta competencia crea un ciclo en el cual, para que la esposa sienta que es mejor que la madre de su esposo, tiene que cuidarlo y mantenerlo económicamente. Ella espera con esto, ser vista de forma más favorable por su esposo. Sin embargo, mientras más se esfuerza en hacerlo menos la aprecia el esposo, ya que éste siente que tiene que renunciar a su control y cedérselo a ella. Como resultado, la esposa se siente frustrada, lo cual lleva discusiones y conflictos.

Necesitamos darnos cuenta de que las agendas ocultas no llevan a resultados positivos. Como consecuencia de todos estos asuntos y situaciones no resueltos, que continúan surgiendo durante la comunicación, hay peleas entre la pareja que se manifiestan en forma de piedras. El siguiente ejemplo sobre un esposo extremadamente celoso, ilustra claramente los efectos negativos característicos de las agendas ocultas manifestadas como piedras. Igualmente, veremos cómo estas agendas ocultas poseen la capacidad de reunir todo un sinnúmero de asuntos y situaciones no relacionados e inyectarlos o introducirlos a un intento incontrolable de comunicarse.

Ejemplo:

H: Hombre (esposo)
M: Mujer (esposa)

Diálogo	Comentarios
H (Después de que su esposa llega a casa a las dos de la mañana, luego de una sesión de estudios que comenzó a las seis de la tarde): —¡No puedo creerlo! ¿Quién te crees que soy? Dime, ¿tú crees que voy a pensar que estabas estudiando todo este tiempo?	Mientras que el esposo espera que su esposa llegue de la sesión de estudios, su nivel de coraje ha ido incrementando. La agenda oculta que influye esta situación es la agenda oculta de que él no le tiene confianza.
	Piedra. Expresión clara de coraje. En lugar de manifestar sentimientos de dolor, como resultado de su falta de consideración al no llamarlo por teléfono para decirle que llegaría tarde, o para decirle la verdad. Lo que realmente está tratando de decir es: "Cuando no llegas a casa a tiempo, me hieres. Me hace sentir como si no quisieras estar conmigo. También, siento que no estás siendo honesta conmigo."
H: —¿Dónde estabas? O mejor debería preguntarte, ¿con quién estabas?	Agenda oculta: dudas sobre su propio valor y capacidad de tenerla como esposa, además de una autoestima baja.

M: –¿Qué es esto, un juicio? ¿Eres ahora mi abogado acusador?

Piedra causada por coraje.

H: –Es que no puedo tenerte confianza para nada. No sé por qué me casé contigo. ¡No, no, sí lo sé! Fue porque tu padre me obligó a hacerlo. Debí haberme quedado soltero.

Piedra: "No me casé contigo porque te quería, sino porque tu padre me obligó a hacerlo."
Agenda oculta: sentimientos negativos hacia la madre del esposo.

M: –¡Eres igual que tu madre, siempre hablando tonterías! ¿Qué hay dentro de esa cabeza tuya?

H: –¡Claro, tú eres tan especial solamente porque vas a la escuela! Deberías tratar de vivir en la tierra, y no en las nubes, a ver cómo te iría. Deja ya de ser la consentida de "papi".

Piedra.

M: –Al menos mi padre me quiere y me ayuda, no que tú lo único que haces es ver tus deportes por televisión y fumar tabacos que huelen tan mal. Algunas veces pienso que me casé con una caja de tabacos.

Piedra. La esposa proyecta su necesidad de que su esposo remplace a su padre y desempeñe un papel paterno.
Piedra.
La esposa resiente que su esposo no sea como su padre. Esto también es una agenda oculta.

H: –¡Te odio! ¿Lo sabías?

Piedra.

M: –Sí, y el sentimiento es mutuo.

Piedra más grande y fuerte.

En el ejemplo anterior, varias agendas ocultas son evidentes, las cuales, como en un juego de dominó, sigue una tras otra, aumentando el nivel de coraje y provocando pedradas. Podemos ver claramente cómo la pareja tiende a brincar de un tema a otro, o de una agenda oculta a otra, pero nunca resuelven ninguna en particular. Lo que hacen es tratar un asunto a medias y luego lo abandonan para empezar otro. Las agendas ocultas en esta situación están relacionadas con las dudas que siente el esposo sobre su propio valor, lo cual demuestra una autoestima bastante baja. Estas dudas son manifestadas por la falta de confianza en su esposa. Una agenda oculta mucho más significativa para el esposo, es sentir que fue forzado a casarse sin amor. En lugar de rehusarse al matrimonio y confesarle a ella que el padre de ésta lo estaba presionando, optó por reprimir sus sentimientos. Así, éstos se "fermentaron" y se convirtieron en coraje que ahora expresa por medio de agendas ocultas. Para la esposa, sus agendas ocultas están relacionadas con su aborrecimiento hacia la madre de su esposo, además del deseo de que su esposo fuera más como el padre de ella. La necesidad de sentirse protegida por una figura paterna se hace evidente al desear que su esposo la cuide de la misma forma que lo hacía su padre.

RESOLVIENDO AGENDAS OCULTAS

Debemos estar completamente conscientes de las agendas ocultas que están activas en nuestra vida, ya que éstas siempre, y hasta cierto grado, influyen la manera en que nos comunicamos. Es importante resolver y traer cierre a los asuntos que quedan pendientes y que no han sido discutidos. De otro modo, se incrementan las posibilidades de practicar la mala comunicación y de involucrarse en las batallas de pedradas. Es mejor lidiar con el dolor de los conflictos no resueltos, que tener que hacerlo con pedradas, cuyos orígenes descansan en las agendas ocultas.

Sería buena idea utilizar una grabadora, con el fin de grabar algunas de las discusiones que usted tiene con otras personas (obviamente que con el consentimiento de ellas). Escuchar estas grabaciones después de que transcurran algunos días, revelará realmente lo que se dice cuando se está enojado, ya que en esos momentos generalmente no nos damos cuenta de lo que decimos, por estar muy ocupados con nuestro propio coraje. Al escuchar las grabaciones uno o dos días después de hacerlas, usted podrá notar algunas de las agendas ocultas que operan en sus conversaciones. Ya que logre reconocerlas, entonces debe discutirlas abiertamente con la(s) persona(s) involucradas. La discusión debe ser a nivel de sentimientos, nunca a nivel de coraje. Una vez discutidas y aclaradas, y se sienta satisfecho(a) con los resultados, debe perdonar a la persona que le causó el problema. El perdón quiere decir dejar atrás toda esa carga emocional que usted llevaba a cuestas y la que provocaba el problema en cuestión, consumiendo su energía, su tranquilidad y paz interna. Finalmente, debe perdonarse a sí mismo por no haber hecho esto antes. Después, puede seguir adelante hacia una forma de vida más tranquila.

Para eliminar agendas ocultas:

- *Identifíquelas.*
- *Discútalas abiertamente con la persona involucrada.*
- *Use el lenguaje de los sentimientos, no del coraje.*
- *Perdone a la persona que le causó el problema.*
- *Perdónese.*
- *Siga adelante.*

Otra manera de resolver agendas ocultas es identificarlas primero. Las siguientes preguntas le ayudarán a encontrar algunas agendas ocultas en su vida. Si ese es el caso, también le ayudarán a identificarlas:

1. ¿Existen algunos asuntos o temas que le causan a usted dificultad o miedo al tener que discutirlos con otras personas? Identifíquelos.
2. ¿Tiene reacciones fuertes sobre ciertos asuntos o temas, los cuales posiblemente ha estado reprimiendo o evita enfrentar? ¿Cuáles son estos asuntos?
3. ¿Hay temas sobre los cuales habla seguido, de forma superficial y general, pero a los que nunca llega a encontrarles solución? ¿Cuáles son estos temas?
4. ¿Llega al grado de pensar en estos temas constantemente, de forma que consuman gran parte de su tiempo?
5. ¿Estos temas frecuentemente surgen cuando está enojado(a)?
6. ¿Se encuentra frecuentemente lanzando "indirectas" sobre estos asuntos o temas?

Conforme vaya respondiendo a estas preguntas, podrá identificar algunas de sus agendas ocultas. Éstas se harán evidentes por medio de sus respuestas, especialmente a las preguntas 1, 2 y 3. ¿Recuerda cuántas de estas agendas han sido las causantes de que usted se comunique a nivel coraje?

Las agendas ocultas son peligrosas si no se discuten y se tratan adecuadamente. Ahora que las ha reconocido deje de ser indiferente a ellas y enfoque su energía en adquirir la capacidad de comunicarse de forma clara y precisa, haciendo lo siguiente:

- Relájese y practique varias veces la forma en que discutirá y compartirá las agendas ocultas con las personas responsables de habérselas creado.
- Ya que tenga el control de sus pensamientos y los haya puesto en orden, señale un tiempo específico para hablar con cada una de esas personas, individualmente y de forma calmada.
- A nivel de sentimientos, dígales cómo estas agendas ocultas han interferido en el proceso de comunicación.
- Sea firme y vaya directamente al tema. Evite acusar o discutir.
- Juntos, negocien y encuentren una solución al problema, donde ambos lleguen a un mutuo acuerdo y se sientan satisfechos.
- Después de poner en práctica los pasos mencionados, si estas agendas (que ya no estarían ocultas) logran surgir nuevamente en medio de una discusión o conversación y crean con-

flictos, no les ceda el poder de interferir en su proceso de comunicación. Piense que ya resolvió esa situación y que estas agendas no poseen la capacidad de causar daños. Por tanto, no les permita que resurjan en su vida. Repítase a sí mismo: **"Ya he resuelto este asunto y me rehúso a dejar que continúen afectándome. Yo tengo el control y el poder sobre mi vida."** Después de esto, ocúpese en alguna actividad que le guste y le entretenga.

LIDIANDO CON LOS FANTASMAS

Una situación que surge frecuentemente es cuando la persona que nos hirió ya no se encuentra –tanto por causa de muerte, o porque no se conoce su paradero–. ¿Cómo podemos enfrentarnos a estas personas con el propósito de deshacernos de nuestro coraje? ¿Es esto posible?

Claro que sí. Aunque la persona que nos hirió ya no se encuentre y no esté disponible para una confrontación, podemos enfrentarlos indirectamente y lograr el mismo resultado. Los psicoterapeutas utilizan diversas técnicas para poder lograr este propósito. Tres de estas técnicas son utilizadas con más frecuencia, ya que proporcionan mayor éxito.

1. La silla vacía. Tómese tiempo para relajarse y para estar solo(a). Practique algún tipo de ejercicio de respiración o su técnica favorita de relajamiento (como escuchar música suave). Lo que sigue es la técnica que el autor utiliza con mayor frecuencia para enseñarle a sus pacientes cómo relajarse.

a) Acuéstese en un lugar amplio y cómodo (su cama, el piso), donde no sea interrumpido(a). Cierre sus ojos. Respire profundo varias veces y descanse algunos minutos.

b) Libere su mente de todo pensamiento. Si encuentra que ésta pierde enfoque y comienza a buscar algún pensamiento, imagine el número 1 escrito en su frente. Esto le ayudará a reenfocarse de nuevo.

c) Continúe respirando profundo y lento, sintiéndose cada vez más relajado. Con cada inhalación de aire, se siente más relajado. Cada exhalación le facilita el proceso de relajamiento aún más.

d) Enfoque su atención hacia sus pies. Lentamente ponga los músculos de sus pies cada vez más tensos; haga esto por algunos segundos (cuente hasta tres). Póngalos aún más tensos. Manténgalos así tres segundos. Lentamente, afloje la tensión relajando los músculos. Conforme realiza esto, aprenda a apreciar la sensación que siente; esta es la diferencia entre tensión y relajamiento.

e) Repita el procedimiento anterior con sus piernas, caderas, nalgas, abdomen, pecho, espalda, manos, brazos, hombros, cuello y cara; uno por uno. Asegúrese de respirar profundo después de cada paso en este proceso. Puede que encuentre que hay ciertas partes de su cuerpo que tienen más tensión que otras. En estos casos, haga el procedimiento en estas áreas dos o tres veces, hasta que se sienta más relajado(a).

f) Imagínese que en el centro de su cabeza hay un agujero por donde toda esta tensión reprimida puede escapar. Imagínese también una aspiradora interna, la cual comenzará a aspirar esta tensión desde sus pies, subiendo por sus piernas a su abdomen, espalda, manos, brazos, hombros, cuello, cara; y finalmente lo va a expulsar por medio de ese agujero en su cabeza. Visualice este proceso claramente.

g) Ya en este punto, usted debe sentirse mucho más relajado(a). Con sus ojos cerrados continúe con respiraciones profundas y lentas regularmente.

h) Imagínese una escena tranquila. Piense en un lugar que haya visitado, o invente uno donde se sienta totalmente relajado(a). Por ejemplo en un campo amplio y fresco; todo a su alrededor está verde, lleno de frondosos árboles y preciosas flores. Un viento suave sopla contra su cara; aquí usted se siente bien. Todos sus sentidos están activos. Puede oler las flores y sentir el viento, tocar las plantas y escuchar los sonidos de los pájaros que cantan a su alrededor. Mientras está parado(a) ahí, sintiéndose bien relajado(a), ve una pequeña montaña frente a usted. Imagínese que camina hacia ella lentamente. Usted continúa sintiéndose relajado; se siente bien. Cuando llega a la cima de la montaña, ve un frondoso árbol cuyas ramas crean una sombra fresca y extensa. Al costado del árbol corre un pequeño arroyo con agua fresca y transparente. Se sienta debajo del árbol. Desde ahí ve el arroyo, las flores, y hasta escucha cantar a los preciosos y coloridos pájaros.

También escucha romper del agua contra las piedras. Se siente extremadamente relajado(a); se siente bien.

i) Siga respirando profunda y lentamente. Se siente relajado y listo para continuar.

Ya que llegue al punto donde se sienta totalmente relajado(a), visualice a la persona que lo hirió. Enfóquese en los detalles específicos que le causaron dolor emocional. ¿Qué hizo? ¿Cómo le afectó? ¿Cuáles fueron sus reacciones? ¿Qué sintió? Ya que examine en su mente cada situación específica, abra lentamente sus ojos y levántese. Tome lápiz y papel, y escriba una carta a la persona que le ha hecho todas esas heridas, y comparta con ella todo el sufrimiento que pasó a causa de sus acciones. Asegúrese de incluir en esta carta todas las situaciones específicas que le crearon dolor y describa cómo cada una de ellas le afectó. Escríbala como si fuera a mandarla por correo. Ya que concluya la carta, necesitará un lugar tranquilo donde pueda estar solo(a) y sin interrupciones. Consiga dos sillas.

Siéntase en una de ellas y coloque la silla vacía frente a usted. Imagínese que en ésta está la persona que le causó todo el dolor emocional que acaba de escribir en su carta. Ya que se sienta completamente calmado(a), léale la carta a esta persona. Después perdónela por todo lo que le ha hecho. Recuerde que perdonar no significa olvidar o pretender que la situación nunca sucedió. Perdonar quiere decir que usted se rehúsa conscientemente a cargar todo el dolor emocional causado por las heridas que la otra persona le ocasionó. Por tanto, deshágase de todo el coraje y dolor asociado con la situación, para que de este modo pueda vivir sana y mentalmente saludable. Ya que haya perdonado a esa persona, ahora perdónese a sí mismo(a) por haber soportado este sufrimiento durante tanto tiempo.

De ahora en adelante, cada vez que estos recuerdos surjan y se manifiesten en su mente, debe evitar que se activen. En este caso, dése el siguiente mensaje: **"Ya he trabajado y resuelto esta situación, y no permitiré que me vuelva a molestar de ninguna forma."** Después ocúpese en cualquier actividad positiva y no permita que estos sentimientos vuelvan a surgir en su consciente. Esta hazaña puede ser algo difícil al principio, pero con la práctica logrará controlar adecuadamente sus sentimientos al igual que sus pensamientos.

2. La fotografía. Esta técnica requiere del mismo proceso de escribir una carta, mencionado anteriormente. La única diferencia es que en vez de leerle la carta a la silla vacía, la lea enfrente de una fotografía (si es que tiene una), de la persona que le ha ofendido. Esta técnica puede ser más intensa que la anterior, ya que debe ver la imagen de la otra persona en forma directa.

Sin embargo, los resultados son positivos. Aquí también, usted debe perdonarla.

3. La carta. Consiste en escribirle una carta a la otra persona. En ésta, debe expresarle todo su dolor emocional. Luego, en un lugar sin interrupciones, lea la carta en voz alta y perdónela. Después de que haya hecho esto, queme la carta y deshágase de las cenizas en su lavadero, inodoro o entiérrelas.

Realmente no importa por cuál técnica opte, la cuestión es que lo haga. La meta será siempre enfrentarse con los sentimientos de dolor que han sido reprimidos y colocarlos en su lugar respectivo para que no continúen afectando su vida. Al igual que en otros casos, necesita concluir esta actividad perdonando a su oponente.

Si la persona que le causó daño ya no está presente (porque ha muerto), puede escribir su carta y llevarla al sitio donde está sepultada, y leérsela ahí. El siguiente ejemplo es una carta escrita por una joven de veintisiete años que fue perdonada por su hermano adolescente (a quien ella le causó daño cuando eran niños), dos días antes de morir en un accidente automovilístico. Por eso ella sintió la gran necesidad de compartir su satisfacción y su paz hacia él por haberla perdonado:

Yo me pregunto dónde estarás ahora, si me puedes ver llorar, si me sonríes cuando estoy riendo, si deseas lo mejor para mí.

Yo me pregunto si me miras y me abrazas, si me sostienes en la oscuridad y tratas de sanar mi dolor.

Yo creo que tú sabes cuánto te quiero. Nunca quise herirte; hice lo mejor que pude.

Siento mucho que no estés conmigo. Cuánto me hubiera gustado compartir más contigo… y entonces comienzo a preguntarme, ¿estás cerca de mí aún? ¿Estás junto a mí abrazándome? ¿Me miras a los ojos y me dices que todo va a estar bien?

Siento dolor y tristeza por las cosas que nunca llegaste a hacer, los lugares que he visto y que tú nunca verás, pero siento alegría por los sufrimientos y penas que jamás sentirás, y los rechazos y contratiempos que nunca tendrás.

Mi vida comenzó cuando tenía tu edad; qué triste que tu vida se acabó.

Te quise y ahora te he perdido, y debo tratar de seguir adelante. Mi vida cambiará desde este momento y jamás será la misma.

Cuánto te agradezco por todas las cosas que compartimos juntos, al ver lo dulce y desinteresado que eras me permite saber que estás con Dios.

Y te debo tanto, ya que por medio de tu perdón me has liberado. Me has dado una pequeña parte de la paz que ahora te rodea.

Gracias, te amo. Adiós.

La diferencia está en la personalidad

Es correcto decir que la mayoría de los seres humanos (o tal vez todos), poseemos un arsenal de piedras propio. Tal parece que necesitamos guardar ciertas frases, palabras o conductas no verbales de otras personas para sacarlas a relucir en el momento preciso. Luego, también son utilizadas como armas contra otras personas, dada una situación planeada o inesperada.

LA CONTROVERSIA DEL "YO" CONTRA EL "ELLOS"

La forma en que estas piedras son elegidas y coleccionadas durante la vida de un ser humano, generalmente depende de dos determinantes importantes:

1. La interpretación subjetiva del individuo hacia lo que lo rodea, o el **campo externo.**
2. La autodefinición del individuo, o el **campo interno.**

El campo externo no es nada más que la manera en que el individuo interpreta al mundo, y la forma en que lo percibe y define, es acertada, exacta y verídica sólo para él. Esto quiere decir que cada ser humano interpreta al mundo de diferente manera. No existen interpretaciones correctas o incorrectas, pues cada una es subjetiva. Algunos perciben el mundo bueno y amistoso, a estas personas se les clasificará como **positivos-externos.** Quienes forman parte de esta categoría generalmente ven su medio de forma positiva; sienten confianza a su alrededor y funcionan cómodamente en él. Otros, sin embargo, pueden interpretarlo de forma negativa y hostil. Lo perciben enemistoso, vengativo o no merecedor de su confianza. Estos individuos experimentan grandes dificultades en su medio. A éstas se les clasificará como **negativos-externos.** Son personas amargadas y pesimistas, que parecen estar constantemente esperando el fin del mundo. Tal vez "Gruñón" (uno de los siete enanos de *Blanca Nieves*), sea una buena representación de este tipo de persona.

El campo interno se refiere a la forma en que el individuo se ve o se define a sí mismo. Si una persona se siente bien con ella misma, es dueña de un concepto propio positivo y también de un campo interno positivo. Quienes caen en esta descripción forman parte de una clasificación que los señala como **positivos-internos.** Aquellos que tienden a mantener un concepto propio negativo, cuyos niveles de autoestima están significativamente bajos y participan en conductas negativas y autodestructivas, serán clasificados como **negativos-internos.**

Los dos determinantes mencionados anteriormente permiten cuatro posibles permutaciones de cuatro tipos básicos de personalidad:

1. El positivo-interno - positivo-externo.
2. El positivo-interno - negativo-externo.
3. El negativo-interno - positivo-externo.
4. El negativo-interno - negativo- externo.

EL POSITIVO-INTERNO - POSITIVO-EXTERNO

El tipo positivo-interno - positivo-externo, generalmente siente que el mundo es pasivo, amistoso y no amenazante. Se caracteriza por ser una buena persona. No posee muchas piedras en su arsenal, sino una cantidad limitada que utiliza en situaciones específicas y con personas específicas, debido a que no siente que el mundo está detrás de él para causarle daño. Por tanto, no tiene que poseer armas listas para un ataque. Además, no tiene un concepto propio bajo o inadecuado, y se siente seguro de sí mismo frente al mundo que lo rodea.

Las piedras que esta persona tiende a coleccionar son generalmente pequeñas, excepto una o dos que guarda, bastante grandes, para ser utilizadas en situaciones de emergencia. Básicamente, este tipo busca identificar las debilidades pequeñas en los que lo rodean, las cuales él/ella puede utilizar en un momento determinado, como el blanco de un ataque. El tamaño de las piedras que utiliza está directamente relacionado con el grado de coraje que lleva dentro. Mientras más coraje, más grandes serán las piedras utilizadas. Esta persona no reprime sus sentimientos de dolor emocional, sino que los expresa de forma adecuada y casi inmediatamente al incidente que los produjo. Como resultado, no llegan a "fermentarse" y convertirse en coraje en las palabras, frases y conductas que utiliza durante la comunicación.

EL POSITIVO-INTERNO - NEGATIVO-EXTERNO

El tipo clasificado como positivo-interno - negativo-externo, generalmente posee una vasta colección de piedras, desde las muy pequeñas hasta las extremadamente grandes. Esto indica el nivel de coraje que retiene dentro de sí. Usualmente siente que el mundo es hostil, malo e impredecible, y necesita estar equipado con sistemas de protección contra posibles asaltos. El comportamiento que tiende a exhibir es comúnmente descrito como paranoico, ya que cree que el mundo quiere dañarlo. Emplea gran parte de su tiempo en buscar las debilidades de aquellos que lo rodean, con el fin de saber exactamente qué piedras incluir en su arsenal. Además, pone mucho empeño en encontrar el blanco adecuado, donde al lanzar sus piedras, éstas causen el mayor daño. Se convierte en experto lanzador de piedras. Sin embargo, no llega al punto de perder el control durante sus ataques, sino que se mantiene extremadamente bien protegido y preparado, en caso de emergencias, y generalmente no ataca sin ser atacado primero.

La capacidad de estas personas para crear esquemas y planes, con el fin de preparar sus estrategias defensivas es asombrosa. En una guerra, serían expertos en los procedimientos de planeamiento y estrategias. Al positivo-interno - negativo-externo le interesa explorar las personalidades de aquellos que lo rodean descubrir en ellos debilidades o áreas de sensibilidad que puedan ser utilizadas para su provecho en caso de que surjan guerras de palabras.

Este tipo de personalidad tiene grandes dificultades para expresar apropiadamente sus sentimientos de dolor relacionados con heridas emocionales. Generalmente siente que la mayoría de sus tristezas y desilusiones son el resultado de un mundo negativo, frío y poco amable. Por tanto, reprime sus sentimientos de dolor emocional. Además, cree que su medio no es merecedor de su confianza y no se abre frente a otra persona para compartir sus sentimientos. A veces estos sentimientos reprimidos pasan por un proceso de "fermentación" que los convertirá en coraje. Es entonces cuando, a este nivel, estos sentimientos buscan expresión.

Al reprimir el coraje de forma tan intensa, reacciona rápida e incontrolablemente frente a cualquier incidente que perciba como trastornante o amenazante. Además, como también posee la creencia de ser bueno, tiende a experimentar culpabilidad cuando logra ver entre sus propias defensas, el esquema tan complejo y negativo que ha creado para sentirse mejor protegido. Para este tipo, coleccionar piedras tiene dos propósitos: **1.** Utilizarlas como armas en caso de ataque, y **2.** como coraza para cubrir sus propias insuficiencias.

Ya que esta persona tiende a ser algo defensiva en su capacidad para expresar sentimientos, siempre se asegurará de que la información que revele nunca sea precisa y que nunca sea más de lo necesario. En el momento en que se sienta atacada por el coraje de otra persona (al ser bombardeada con piedras), no vacilará en comenzar su batalla por control y poder; de nuevo, demuestra una baja autoestima, la necesidad de compensar las deficiencias personales y la falta de expresión de sentimientos que a veces explotan como coraje.

Un análisis a fondo de esta persona, muestra su tendencia de proyectar sus propios sentimientos de debilidad y deficiencia (por tanto, negatividad), en un mundo neutral. Es más fácil decir "el mundo es malo y a mí no me gusta", que decir: "yo no soy bueno ni me quiero a mí mismo". Las frases que provienen de otras personas son recibidas con sospecha y frecuentemente son descartadas, ya que ésta piensa que llevan doble mensaje o motivos ulteriores anexados (nuevamente, trazos paranoicos).

EL NEGATIVO-INTERNO - POSITIVO-EXTERNO

El tipo negativo-interno - positivo-externo, generalmente sirve como blanco de los expertos lanzadores de piedras, ya que usualmente aparenta ser callado, tímido y poco comunicativo. Generalmente se cree malo, pero percibe al mundo como bueno. Como resultado, cualquier cosa que venga hacia él de forma positiva, será considerada como falsa o imaginaria (no real). Y lo que venga de forma negativa lo aceptará bajo la creencia de que merece ser castigado. Este tipo posee una autoestima sumamente baja y tiende a evitar relacionarse con otros, convirtiéndose en una persona solitaria. Además, evita situaciones que puedan conducir a batallas de piedras. Si termina involucrado en una de estas batallas, permitirá que otras personas le lancen sus piedras sin responderles, ya que este tipo raramente responde a estos ataques; así, los lanzadores de piedras cesan de atacarlo al darse cuenta de que tienen una batalla inútil.

La expresión de sentimientos para esta persona casi no existe; ésta cree que los demás no están interesados en sus sentimientos. El negativo-interno - positivo-externo posee el concepto común de que merece ser castigado; ha internalizado su coraje a tal grado, que en varias ocasiones practica conductas autodestructivas. En algunos casos, el nivel de coraje dirigido hacia sí mismo, se incrementa a niveles tan altos, que llega a experimentar desequilibrios tipo psicóticos, los cuales pueden convertirlo temporalmente en una persona hostil. El asesino que va de compras a un centro y le quita la vida a cualquier persona que cruza por su camino, se puede definir como un tipo negativo-interno - positivo-externo. Sin embargo, esto sucede en casos extremos. Si de verdad estas personas llegan al punto donde su coraje explota incontrolablemente, las piedras que lanzan no sólo son verbales, sino también piedras reales. El aspecto más serio, no sólo desde un punto de vista personal, sino también social, es que el coraje descontrolado que ha logrado encontrar expresión, frecuentemente se convierte en violencia física. Un sinnúmero de estudios indican que la agresión verbal es usualmente el precursor de la violencia física. Este tipo de expresión funciona de la siguiente manera: dentro de los niveles extremos de coraje, los cuales son canalizados hacia la agresión verbal, el perpetrador siente que no puede expresar su coraje con la suficiente rapidez. Como resultado, se siente frustrado. La combinación de frustración e inhabilidad de desarrollar métodos efectivos para resolver dificultades, aunados a una reacción poderosa e incontrolable de coraje, terminan en violencia física.

Cuando el negativo-interno - positivo-externo llega al punto de la mala comunicación y comienza a lanzar piedras, éstas toman cualquier forma, tamaño y peso. Los niveles de coraje y tensión son tan intensos, que sobrevivir para estas personas depende de su capacidad para dejar escapar, como sea, todos los sentimientos que han estado reprimidos por largos periodos. Para lograr esta meta necesitan desligarse de cualquier conexión que tengan con su timidez y disposición tranquila y calmada, para poder entregarse totalmente a sus sentimientos de frustración y coraje. Ya que no utilizan formas adecuadas y efectivas de comunicación, además de sentirse incómodos cuando están alrededor de aquellos que sí lo hacen, tienden a buscar la compañía de aquellos que se comportan de manera similar. Hacen esto para evitar encontrarse en una situación nueva y no familiar que pueda requerir algún tipo de expresión.

EL NEGATIVO-INTERNO - NEGATIVO-EXTERNO

La persona clasificada como negativo-interno - negativo-externo, es muy similar al positivo-interno - negativo-externo, pero tiende a experimentar coraje a niveles más altos y no siente ningún tipo de culpa de sus acciones.

Este tipo se caracteriza por una aversión hacia sí mismo, poseedor de una autoestima extremadamente baja, además, percibe al mundo que lo rodea como negativo, hostil y áspero. También tiende a ser extremadamente perceptivo en relación con las debilidades o áreas vulnerables de aquellos que lo rodean. Tiene una ingeniosa habilidad para coleccionar las piedras de los tamaños y formas exactos, para lanzar en el momento preciso y al blanco específico. Su mayor habilidad es la de saber siempre cuáles son las circunstancias más dolorosas para las otras personas, además de saber dónde herirles con mayor impacto. La meta de esta persona es la de causar el mayor daño al amor propio de los demás, para sentirse mejor sobre sus propias insuficiencias e imperfecciones.

Como se puede obviamente determinar, este tipo no posee la capacidad para expresar adecuadamente su dolor interno, excepto por medio del coraje. Su mundo está completamente lleno de este sentimiento que ha sido creado por reprimir sentimientos de dolor del pasado. El negativo-interno - negativo-externo es muy impulsivo en sus conductas. Comunicarse con él es tan difícil como estar en un país ajeno, hablando diferente idioma y sin la habilidad para usar señales ni sonidos para trasmitir lo que se quiere decir. En otras palabras, la buena comunicación no existe para el negativo-interno - negativo-externo. Su único modo de relacionarse es por medio de la mala comunicación, caracterizada por altos niveles de coraje y lanzamiento de piedras. Constantemente necesita buscar maneras de liberar o de descargar los altos niveles de coraje que existen dentro de él, ya que tiende a crear situaciones conflictivas para poder expresar y liberar coraje. Este tipo de persona es la representación completa y total de lo que es la mala comunicación, entidad que depende, nace, vive, existe y necesita del coraje para sobrevivir. Al igual que aquellos que practican la mala comunicación, éstos están buscando constantemente cualquier oportunidad para crear un ambiente conflictivo. En una relación con alguien que no practica la mala comunicación, el negativo-interno - negativo-externo se siente extremadamente alegre, ya que tiene el reto de enojar lo suficiente al otro con el propósito de que éste reaccione con coraje. Una combinación de este tipo de personalidad con otro que sea negativo-interno - positivo-externo es exactamente

lo que aquél prefiere. Ya que éste no responde a los ataques de pedradas, a menos que no le quede otro remedio y se vea acorralado,
por eso el negativo-interno - negativo-externo busca con afán a este
tipo de personas, para poder probarse a sí mismo que posee un alto
nivel de poder.

Este tipo niega sus sentimientos abiertamente. Rechaza a aquellos que sí se expresan de forma adecuada; éste es un mecanismo
de proyección sobre su propia inhabilidad de manejar el dolor y el
sufrimiento, y que favorece la expresión de coraje y la represión de
sentimientos. Para él, el coraje es visto como una forma de aumen-
tar su autoestima y por eso trata de compensar sus sentimientos de
inferioridad involucrándose en peleas por el poder, ya que tiene la
idea de que es una persona normal. Esto es una fantasía disfun-
cional que retrasa e impide su crecimiento personal.

SUGERENCIAS

1. Con base en lo anterior, haga una lista de todas las características que lo definen como persona (de acuerdo con su propio concepto).
2. Luego, compare su lista con las características de cada uno de
   los cuatro tipos de personalidad mencionados anteriormente.
   ¿Con cuál de ellos se identifica más? ¿Existen diferencias? ¿Se
   siente satisfecho con su modo de ser?
3. Si no es así, haga una lista con las metas que necesita lograr
   para poder acercarse más a la persona que quiere ser.
4. Ordene cada característica, de la más a la menos importante.
5. Utilice tarjetas de 5 × 7 cm, numere cada una para anotar las
   metas de su lista; use una tarjeta por cada meta. En la parte de
   arriba de cada una, escriba la meta que desea lograr.
6. En cada tarjeta escriba, uno por uno, los pasos que necesita seguir para lograr su meta. Recuerde que éstos deben ser razona-
   bles y no imposibles. Es mejor trazarse metas pequeñas que se
   puedan realizar.
7. Ya que haya definido sus metas y su plan de estrategia para lo-
   grarlas, ponga cada tarjeta en la pared, con un alfiler, o en cualquier parte visible donde las pueda ver diariamente.
8. Para lograr su primera meta, siga el plan estratégico que diseñó
   para cada una. Mejore cada día hasta convertirse en una persona más centrada y más completa. No se sienta mal ni pierda
   el ánimo si encuentra algún impedimento; úselo como energía
   para seguir adelante.

Uno de los temas recurrentes en estas diferentes clasificaciones de personalidad en torno a todos los asuntos relacionados con la mala comunicación y el lanzar piedras, es el del control y las peleas por el poder. Examinemos más a fondo cómo se interrelacionan.

Peleas por el poder

Las peleas por el poder han sido mal interpretadas por mucho tiempo. La mayoría cree que son formas de demandar o exigir poder y control, cuando en realidad no son más que modos de encubrir una baja autoestima e inferioridad. Las personas que poseen estas características tienden a involucrarse en peleas por el poder con el fin de negar sentimientos.

A muchas de ellas se les puede clasificar como ovejas disfrazadas de lobos. Por lo general son personas que constantemente pelean por el poder, sintiéndose fuertes, controladoras y arrogantes. Pero si analizamos sus sentimientos más íntimos y profundos, encontraremos que son seres inseguros que lo disimulan controlando a los demás.

LA BÚSQUEDA DEL CONTROL

Todo ser humano pelea por el control de varias formas y grados. Para aquellos que lo hacen con más frecuencia, éstas representan el deseo de obtener un sentido de dominio, control y poder sobre su vida, al igual que todo lo que les rodea. Sin embargo, este sentido de dominio es ilusorio. Aunque luchen por adquirir alguna forma de control, jamás llegan a sentirse satisfechos. Las personas que pelean por el control, cuya meta es herir a los demás, funcionan como una descarga que los ayuda a desquitarse de los daños que según ellos han sufrido; convierten el desquite en una competencia para definir quién lanza la piedra más dañina y más grande, lo cual les ayuda a crear la fantasía de que tienen más poder; pero lo que estas personas no llegan a comprender es que al tratar

107

de demandar o exigir poder, solamente están reforzando sus sentimientos de inferioridad y de baja autoestima.

No existen vencedores en las peleas por el poder. Al destruir el amor propio de otra persona, quienes lo hacen siempre terminan sintiéndose vacíos, insatisfechos, sin esperanza y sin solución. Las peleas por poder no son más que intentos frustrados de aclarar y resolver diferencias. Pero esto es ilusorio, ya que las diferencias continúan aun después de dichas peleas. Éstas sólo sirven para crear una pausa momentánea o temporal en una relación. Ya que los efectos de éstas disminuyen, las diferencias vuelven a surgir y ambas personas vuelven a pelear por el mismo problema disfrazado de otro nuevo.

TIPOS DE PELEAS

Existen muchas formas de peleas por el poder, la más común es el **modo argumentativo**. Aquí, las piedras son lanzadas mutuamente manteniendo firme la meta de defender y afirmar el poder para lograr obtener el control absoluto de la situación. También existen otras maneras que conducen al mismo resultado, como la *lástima hacia sí mismo*, y *darse por vencido*; en las que se emplean diferentes tácticas, las cuales generalmente no son identificadas o asociadas con las peleas por el poder.

A continuación analizaremos cada una.

El modo argumentativo

El siguiente ejemplo es una pelea por el poder entre dos amigos. Éstos utilizan el modo argumentativo con el fin de reclamar o demandar el control sobre la relación.

Ejemplo:

D: David
P: Pablo

Diálogo	Comentarios
D: —Realmente tengo mucha dificultad para ajustarme a tu temperamento. Un minuto estás bien y el próximo estás de mal humor.	Lo que David realmente está expresando es que tiene dificultad para ajustarse al control que Pablo quiere ejercer sobre la relación. Éste, al cambiar su temperamento tan inesperadamente, puede controlar

P: —¡Es que así soy!, ¡eso es todo!

las reacciones y el ánimo de David, quien, al sentir este control, responde de la misma manera. La pelea por el control ha comenzado.

Pablo, frío y distanciado, mantiene su posición de control. Quitársela no va a ser una tarea fácil.

D: —Es que no tiene que ser así, Pablo. La verdad es que quiero que esto cambie. Me haces sentir como un yo-yo.

David expresa lo que quiere, lo cual es visto por Pablo como un intento de asumir el control.

Otra forma de decir que se siente fuera de control.

P: —Entonces deja de molestarme preguntándome constantemente qué me sucede.

Pablo trata de culpar a David por los problemas en la relación. Siente que interviene demasiado en su vida y lanza una piedra con la intención de herirlo.

D: —Lo hago porque nunca me dices por qué cambias tu manera de ser de un momento a otro, y sin razón. Haces lo que te da la gana.

David lanza su propia piedra, con el propósito de herir a Pablo y adquirir así algo de control en la relación.

P: —Mira, ya no quiero hablar más de esto.

Una frase directa sobre sus límites. Pablo afirma quién tiene el control.

D: —¡Pues yo sí! Esto es importante para mí.

David enfrenta el ataque con firmeza, tratando desesperadamente de obtener el control.

P: —Entonces habla tú solo, porque yo ya no quiero hablar más de esto. ¡Y aquí muere!

La burla debilita a David y fortalece a Pablo.

Piedra. Frase de poder.

D: —Mira Pablo, vamos a tratar de hablar de esto de forma calmada…

Ya que la firmeza no fue efectiva, David trata de llegar a Pablo a nivel de sentimientos. Sin embargo, las peleas por el poder realmente no funcionan a nivel de éstos, por tanto, este modo de tratar de componer la situación no es efectivo.

Piedra. Frase de control.

P: —Yo estoy calmado. Eres *tú* quien necesita calmarse.

D: —Está bien. Ahora, ¿podemos hablar?

El último intento de David de comunicarse a nivel de sentimientos.

Rechazo.

P: —¡No!

D: —¿Por qué siempre haces esto? ¿No es importante nuestra amistad para ti?

David finalmente pierde todo el control que pudo haber tenido y se lo entrega a Pablo.

P: —No hagas preguntas tontas.

D: —Mira…

Pablo se mantiene frío y distanciado.

David pierde poder.

P: —No quiero hablar más de esto.	Pablo afirma su poder y control.
D: —Pero, Pablo…	Desesperación.
P: —¡Dije que basta! ¡Ya vete de aquí!	Control total.
D (Con la mirada baja, se va para su casa.)	La pelea termina y David le entrega a Pablo todo el poder, por lo menos por ahora.

Como podemos ver en el ejemplo anterior, cuando las personas se envuelven en peleas por el poder, rinden su control, lo que causa que la comunicación se convierta en algo negativo y dañino. Estas peleas son un intento desesperado de ocultar una autoestima baja. En el ejemplo, aunque Pablo se mantuvo en el poder, sus necesidades en esta relación no van a ser satisfechas. Él siempre necesitará mantener el control en esta relación, lo que significa que nunca será él mismo, ya que necesita exigir y reclamar poder, para sentirse bien. Una persona envuelta en peleas por el poder, necesita mantener sus defensas altas para, de este modo, proteger su personalidad frágil y dañada.

El modo de expresar lástima hacia sí mismo

En el ejemplo anterior, David pudo haber utilizado el *modo de expresar lástima hacia sí mismo* como método para obtener el control, y la conversación habría ocurrido de la siguiente manera:

DAVID: —Pablo, de verdad que me gustaría que trataras de ser un poco más estable en tus estados de ánimo.

PABLO: —Mira, a mí no me molesta. Pero si no te gusta, entonces debes dejar de estar siempre detrás de mí.

DAVID: —¿Sabes qué?, tienes mucha razón. Te pido que hagas demasiado. Siempre insisto en que mis amigos hagan lo que yo quiero y nunca pienso en lo que ellos quieren o sienten. Lo siento, Pablo, de veras. Sé que tal vez he sido egoísta. He sido más que eso. Por algo mis padres siempre trataron de mandarme a vivir con mi tía; no me soportaban y sé que tampoco tú me soportas…pero no te culpo por sentirte enojado. Ni tampoco te culparía si me dejaras de hablar.

PABLO: —Mira, David, no hay necesidad de pasar por todo esto. Sé que tal vez tengo algo que ver en todo este rollo. Tú no eres el único.

DAVID: —No, el del problema soy yo.

PABLO: —No, no eres tú. Soy yo. Creo que tenemos que ver qué hacemos para mejorar esta situación, ¿no?

DAVID: —Olvídalo Pablo, ni te molestes…

PABLO: —Oye, somos buenos amigos, y los buenos amigos siempre resuelven los problemas.

¿Quién tiene el control en esta situación? Es obvio que hacerse la víctima y expresar lástima hacia uno mismo, es una maniobra que da como resultado obtener control en una relación donde no se tenía anteriormente. En este tipo de peleas por el poder, será difícil asegurar un resultado exitoso. A veces Pablo sentirá su falta de poder y lentamente comenzará a pelear para reclamarlo.

El modo de darse por vencido

Otra forma de pelear por el poder es darse por vencido. Utilizando el mismo ejemplo, veamos cómo funciona:

DAVID: —Pablo, de verdad que me gustaría que trataras de ser un poco más estable en tus estado de ánimo.

PABLO: —Mira, a mí no me molesta. Pero si no te gusta, entonces debes dejar de estar siempre detrás de mí.

DAVID: —Bien, si eso es lo que quieres, eso haré.

PABLO: —Pues sí, eso es exactamente lo que quiero.

DAVID: —Bien.

(Silencio)

PABLO: —La verdad es que a mí no me gustaría estar cerca de alguien a quien no soporto, ¿no crees?

DAVID: —Me imagino.

PABLO: —¿Es que hay otra forma de componer esto?

DAVID: No, tienes razón, simplemente me apartaré de ti. Excepto si pudiéramos compartir mejores tiempos.

PABLO: Está bien, "cerebro", ¿qué sugieres?

DAVID: —Lo que tú digas.

PABLO: —No, de verdad, ¿qué sugieres?

DAVID: —Bueno, tal vez no debes enojarte todo el tiempo...

¿Quién tiene más control en esta situación? En este ejemplo, estar de acuerdo con la persona más controladora hace que la necesidad de tener el control disminuya. Cuando David está de acuerdo con Pablo, éste siente respeto y comprensión y, por tanto, no responde con resistencia al cambio, al contrario, baja sus defensas y su necesidad de tener el control dándole a David la oportunidad de ganar algo de poder. De nuevo, al igual que con el ejemplo del modo de expresar lástima hacia sí mismo, los resultados son temporales. En poco tiempo estas personas estarán nuevamente peleando por el control.

PELEAS POR EL PODER ENTRE LOS NIÑOS

Los adultos no son los únicos que pelean por el poder. Los niños constantemente se envuelven en este tipo de disputas. Casualmente, la habilidad para empeñarse en estas peleas por el poder se perfecciona durante la niñez. Ejemplos de peleas por el poder entre los niños se encuentran dondequiera que se busque. Por ejemplo, no es nada fuera de lo común encontrar a un grupo de niños jugando, y a uno de ellos controlándolos. Lo único que hay que hacer es buscar al niño que tenga la mayor cantidad de juguetes, los cuales no está usando, mientras que los demás niños los miran deseando utilizarlos siquiera por algunos minutos. Los niños tienen formas especiales de expresar su poder según la cantidad de juguetes que tienen, el que los utilicen o no es irrelevante; éstos son el factor clave.

Pero también las peleas por el poder algunas veces ocurren entre adultos y niños, especialmente entre madres e hijos, durante los periodos de disciplina. El siguiente ejemplo muestra cómo una madre puede perder su sentido de autoridad y entrar en una pelea por el poder con su hijo de diez años:

Ejemplo:

M: Madre
H: Hijo

Diálogo	Comentarios
M (Gritándole desde la cocina a su hijo, quien ve la televisión en la sala): —Juanito, ¿recogiste tus juguetes en tu cuarto?	El primer error que la madre está cometiendo es dar un mensaje directo en forma indirecta. Ella debe estar directamente frente a su hijo, mirándolo a los ojos. Esta forma de dar su mensaje disminuye su control.
H (Totalmente entretenido con sus caricaturas favoritas, no responde.) M: —Juanito, ¿escuchaste lo que te dije? H (Aún no le responde.) M (Se dirige hacia la sala y se para detrás de su hijo): —Juanito, mi amor, ¿escuchaste lo que te dije? ¿Recogiste tus juguetes? H: —No. M: —Bueno, pues, entonces necesitas hacerlo en este momento. Vamos.	Intento de asumir una posición de control.

H: –¡No!	El niño rechaza el control materno y trata de pelear por él.
M: ¡Juanito, ve a recoger tus juguetes en este momento!	La madre lucha contra su propio hijo por obtener el control.
H: –¡Que no!	Firmeza y determinación del hijo de no ceder el control.
M: –Mire jovencito, yo soy su madre y quiero que recoja esos juguetes en este momento.	Pelea por el poder al utilizar la autoridad de madre para incrementar su posición.
H: –¡No y no!	Defiende su posición de poder.
M: –¿Quieres que te pegue? ¿Ve y recógelos en este momento! ¿Sí?	La madre piede autoridad, ya que ha dejado que esta pelea por el control dure demasiado tiempo.
H: –¡No!	
M (Toma a Juanito por los hombros y lo sacude varias veces): –¿Cómo puedes hablarme de esa manera? ¿Quién crees que soy?	La frustración muchas veces puede conducir al abuso físico. Aunque el niño sabe quién es ella, cree que no está actuando como tal.

Podemos observar en el ejemplo que la madre no disciplina a su hijo adecuadamente, sino que pelea por el poder y lucha por controlarlo. Ha perdido la capacidad para discernir cuáles son los métodos de disciplina adecuados para su hijo, poniéndose a su nivel y no a nivel de autoridad.

Vale recalcar que la comunicación a nivel coraje no es comunicación. Es una disputa por el poder y el control, sea entre adultos o con niños; es inapropiada y no saludable.

¿Toma usted parte en las peleas por el poder? Lea la siguiente lista de las características típicas de quienes pelean por él. ¿Algunas de éstas las practica usted?

- Sensación general de inseguridad para lograr el éxito o triunfar.
- Desconfianza o inseguridad cuando comienza nuevos proyectos.
- Intenta ser "magnífico" o "perfecto" como respuesta al sentirse mal consigo mismo.
- Se siente insatisfecho después de intentar afirmar su valor o poder.
- Toma parte en discusiones innecesarias con el propósito de salir vencedor.
- Se siente físicamente agotado al tratar de estar "encima de todo y de todos".
- Se hace la víctima para lograr sus metas.
- Aparenta estar derrotado para poder atacar sorpresivamente.

SUGERENCIAS

Si se identifica con una o varias de las situaciones mencionadas anteriormente, probablemente tome parte de las peleas por el poder. Para dejar de hacerlo usted necesita:

1. Tener confianza en su capacidad para triunfar.
2. Intentar cada meta que se trace, con la seguridad de que logrará alcanzarla.
3. Siempre hacer lo mejor que pueda y dar lo mejor de sí mismo.
4. Tratar con todas su energía de alcanzar el éxito y ser feliz, y no estar por encima de todos para sentirse mejor.
5. Aprender algo de cada experiencia en su vida, sean éstas positivas o negativas.
6. Perdonar los errores de los demás, al igual que los suyos.
7. Valorarse a sí mismo por ser quien es y no por quien quisiera haber sido.
8. Trabajar para alcanzar la paz interna.
9. Compartir sus sentimientos.
10. Hablar siempre con la verdad.

UN CONSEJO AMISTOSO

Un consejo amistoso para aquellos padres que tienden a pelear por el poder con sus hijos:

¡No lo hagan más!

Si pelea por obtener el poder y el control, nunca lo logrará, y su hijo terminará controlándolo a usted. Los niños necesitan aprender desde el principio quién es la autoridad en el hogar. Esto se hace durante el proceso de disciplina. Es sumamente importante enseñarles respeto a sí mismos y hacia los demás. Al pelear por el poder y el control con ellos, los padres pierden respeto y se entregan por completo a sus hijos para que éstos los manipulen como si fueran objetos y no personas. En el próximo capítulo, el autor ofrece un método para disciplinar a sus hijos adecuadamente, sin

la necesidad de entrar en peleas por el poder o control. Este método o sistema de disciplina también instilará en sus hijos un sentido
de responsabilidad y respeto hacia ellos mismos y hacia los demás.
Este método se llama **Disciplina sin dolor.**

Disciplina sin dolor

La forma en que disciplinamos a nuestros hijos depende en gran parte de nuestra habilidad para establecer límites claros y firmes del papel que cada miembro de la familia debe desempeñar. En otras palabras, el método de disciplina que utilizamos como padres refleja claramente nuestra tendencia a pelear por el poder. Para muchos padres que no han superado adecuadamente su propia inseguridad, disciplinar a sus hijos se convierte en una hazaña difícil y competitiva, cuyo enfoque está caracterizado por constantes peleas por el poder. No es nada fuera de lo común encontrar a padres e hijos en medio de batallas de pedradas, tratando de quitarse el control uno al otro.

La dificultad básica con los padres que no saben cómo disciplinar a sus hijos adecuadamente, es la falta de definición de papeles o responsabilidades que existe y que se desempeña dentro de la familia, al igual que la falta del establecimiento de límites claros y precisos dentro de la misma. Cuando estos componentes están ausentes, los niños comienzan a traspasar límites o asumir papeles que no les corresponde. Los padres que tienden a permitir esto, pierden responsabilidad y autoridad, y asumen funciones no pertinentes como jefes de familia. Éstos necesitan asegurarse de que sus papeles como figuras de autoridad estén claros y definidos desde el principio, y mantenerse firmes en sus decisiones, en el establecimiento de los límites y en el papel de cada miembro de la familia. Los padres se encuentran en problemas cuando fracasan en estos puntos clave y comienzan a vacilar entre formas apropiadas e inapropiadas de estructurar a la familia. Los niños, que son extremadamente astutos e inteligentes, se dan cuenta de esto y rápidamente se aprovechan de la situación (generalmente a través de mala conducta).

Considere al padre que, no conforme consigo mismo ni con la forma como cría a sus hijos, permite que su hijo mayor se responsabilice de sus hermanos menores. Este padre será responsable de que aquél cruce o viole los límites entre padres e hijos. Aun más, este hijo se verá forzado a asumir el difícil papel de padre sin tener ningún tipo de preparación. Este fenómeno es comúnmente llamado **parentificación**. En ocasiones, los hijos menores comenzarán a obedecer solamente al hermano mayor, ya que éste será visto como la figura de autoridad.

Cuando el padre llegue a sentir la falta de control dentro de su propia familia, éste tratará de recuperarlo nuevamente asumiendo el papel de padre, pero se sentirá abrumado al encontrarse con un papel que no sabe desempeñar. Por lo general, los hijos responderán faltándole al respeto, ya que no lo ven como figura de autoridad. Como resultado, este padre nuevamente le entregará al hijo mayor el control. Imagínese la confusión de los papeles de cada miembro de esta familia, así como la presión tan enorme que debe sentir el hijo mayor parentificado, quien oscilará entre el papel de adulto y niño, según su padre, también oscile entre el papel de niño y adulto, de forma repentina, inesperada y recíproca.

LA INFLUENCIA DE LA BUENA COMUNICACIÓN EN LAS PELEAS POR EL PODER

Durante todos los años que he estado practicando psicoterapia con familias, he podido darme cuenta de que la mayoría de los casos que llegan a mi oficina están relacionados con padres que tienen dificultades para comunicarse adecuadamente con sus hijos, problema que influye significativamente en el proceso de disciplina. La queja principal de estos padres consiste en que sus hijos no obedecen sus peticiones, ya que sus métodos de disciplina son totalmente inefectivos.

Una examinación a fondo de los diferentes métodos utilizados por los padres para disciplinar a sus hijos (tales como pegarles, arrodillarlos en la esquina de la habitación, el método del silencio, o dejarlos solos), sugiere que todos ellos comparten un aspecto en común: *la falta de destrezas y conocimientos sobre la buena comunicación que resultan en peleas por el poder.* Además, muchos de estos padres llegan a frustrarse a tal grado, que llegan al punto de implantar castigo físico al darse por vencidos por no lograr establecer una buena comunicación con sus hijos. La mayor sorpresa ha sido saber que estos padres tienden a culpar a sus propios hijos por los problemas en la comunicación, y que no comprenden que la dificultad está arraigada en su inhabilidad para comunicarse adecuadamente. Es esta inhabilidad lo que los fuerza a recurrir a métodos de disciplina inefectivos y obsoletos.

LAS METAS BÁSICAS DE LA *DISCIPLINA SIN DOLOR*

El método de disciplina sin dolor surgió de la necesidad de crear un método efectivo de disciplina para los padres y sus hijos, y consiste en cinco metas básicas:

1. Estimular y fomentar conductas apropiadas en los niños. La meta es evitar que el niño practique conductas inapropiadas mediante consecuencias seleccionadas de acuerdo con su edad. A la vez, las conductas apropiadas son estimuladas y reforzadas con recompensas, seleccionadas según la edad del niño.
2. Estimular y animar la práctica de la buena comunicación entre todos los miembros de la familia. Si a los niños se les enseña desde muy pequeños, no sólo formas apropiadas para comunicarse sino también la importancia que tiene una comunicación abierta y clara entre todos los miembros de la familia, crecerán expresando sus sentimientos con mayor facilidad. También estarán más dispuestos a buscar apoyo con los otros miembros de la familia cuando se sientan atrapados en una situación difícil; de esta manera aprenderán a no reprimir sus sentimientos y, por tanto, evitarán que se genere el proceso de "fermentación" que culmina, a su vez, en la generación de coraje.
3. Ayudar a evitar dificultades durante los años de desarrollo de los niños. Es muy importante aclararles cuáles son sus límites, y hacerlos responsables no sólo de sus comportamientos positivos y de las recompensas que se ganan, sino también de sus comportamientos negativos y las consecuencias que éstos traen. Al hacer esto, los niños tratarán de evitar comportarse de formas inapropiadas con tal de evitar las consecuencias negativas que este tipo de comportamiento trae.
4. Animar y estimular autodisciplina permanente. Conforme el niño aprende a seguir, de forma adecuada y efectiva, el plan de disciplina elegido por sus padres, también comenzará a adquirir el concepto de autodisciplina. Según vaya madurando, se convertirá en su propio disciplinador. Los beneficios de disciplinarse a sí mismo no son sólo evidentes durante la niñez, sino también conforme crece, se convierte en adulto y necesita asumir responsabilidades

serias (regular sus responsabilidades en sus estudios avanzados o en su profesión o empleo).

5. Aclarar y crear divisiones estructurales adecuadas dentro de la familia, las cuales incluyan límites claros y papeles definidos, con el fin de crear un sistema que funcione y sea práctico. En otras palabras, los niños necesitan saber quiénes son las figuras de autoridad, y cuáles son las obligaciones de estas personas. Además, necesitan saber cuáles son las responsabilidades de los niños, hermanos, hijos e hijas. La claridad de estos papeles y sus límites es tan importante dentro de la vida familiar, como en el lugar de empleo. Saber qué papel debe desempeñar, así como los límites de su trabajo, sirven como delineadores de responsabilidades, deberes y opciones. Este conocimiento también define qué tan lejos puede llegar antes de cruzar la línea que separa su posición con la de otra persona.

RAZONES DEL MAL COMPORTAMIENTO EN LOS NIÑOS

Razones del mal comportamiento en los niños:

- *Cansancio.*
- *Horas de sueño insuficientes.*
- *Hiperactividad o excitación.*
- *Sentirse heridos o dolidos.*
- *Celos.*
- *Miedo.*
- *Coraje.*
- *Falta de atención.*
- *Sentirse excluidos.*
- *Enfermedad.*

Es importante comprender algunas de las razones básicas que justifican o explican la falta de comportamientos adecuados en los niños. Básicamente éstos tienden a comportarse mal cuando están cansados, enfermos, tienen hambre o sueño, o cuando son hiperactivos o están excitados. Existen también razones más complejas para explicar el mal comportamiento. Una de éstas se refiere a los *sentimientos heridos o dolidos*. Los niños son tan capaces como los adultos de reprimir sentimientos de dolor, por largos periodos. Muchos niños llegan al grado de buscar venganza contra aquellas personas que ellos creen culpables de haberlos herido de algún modo. Es sumamente interesante notar que los niños no tienen la capacidad de discernir si la persona realmente los hirió o no; ellos no están preocupados con la realidad, sino con lo que perciben como la verdad.

Los *celos* en los niños pueden crear conductas inapropiadas, especialmente en situaciones donde llega un nuevo hermanito a la familia, o en aquellas que involucran logros sobresalientes por parte de un hermano. Los niños también son capaces de experimentar *miedo* en la oscuridad, si oyen ruidos raros o aun en la escuela. Sin embargo, lo que puede ser una reacción a una situación de miedo por parte del niño, puede ser mal interpretado por sus padres como mal comportamiento. Por ejemplo, no es raro ver que un padre le pida a su hijo pequeño que vaya al patio durante la noche (cuando está extremadamente oscuro), para que le traiga algún objeto en particular. El niño, por sentir miedo, puede que se rehúse a obedecer. Esta reacción o comportamiento puede ser interpretado por el padre como desafío a su autoridad.

El *coraje* también puede afectar el comportamiento de los niños. Muy a menudo, éstos se enojan cuando no reciben las cosas que desean. Si los padres regularmente cometen el error de complacerlos dándoles lo que piden cada vez que hagan berrinches, los niños rápidamente aprenden cómo manipular a sus padres para conseguir lo que quieren. Generalmente tienen la habilidad de identificar las debilidades de sus padres y pueden (consciente o inconscientemente) manipularlos aprovechándose de ellas.

Aprender a disciplinar a nuestros hijos efectivamente es muy importante. La disciplina es un proceso continuo que comienza en el momento en que nace el niño (aunque existen algunas teorías que plantean la idea de que el proceso de disciplina comienza justo en el momento en que el niño es concebido), y que requiere de ciertos cambios y adaptaciones conforme se desarrolla el niño y continúa hasta que éste se convierte en adulto. Después el proceso de disciplina se convierte en autodisciplina. Ésta no sólo continúa durante toda su vida, sino que se convierte en el método preferido con el que disciplinará a sus hijos. Por tanto, la forma en que disciplinamos a nuestros hijos está directamente relacionada con la que nosotros mismos fuimos disciplinados.

LA INFLUENCIA DE LA DISCIPLINA EN LOS NIÑOS

El papel de la disciplina en la educación de nuestros hijos es esencial, ya que afecta enormemente la manera en que éstos desarrollan las siguientes capacidades:

1. Un sentido o concepto del orden y la habilidad para comportarse adecuadamente en diferentes situaciones. Esto incluye la capacidad para mantener limpios sus alrededores.
2. Un sentido o concepto de independencia. Esta destreza influye de gran manera en el desarrollo de la confianza y la seguridad en sí mismos y en sus habilidades. También ayuda a incrementar la autoestima.
3. Un sentido o concepto para cuidarse y quererse a sí mismos.
4. La habilidad para respetar los derechos de los demás y para mantener buenas relaciones con ellos.
5. Control sobre sus propios sentimientos y sobre sí mismos.
6. La habilidad para expresar sus sentimientos y emociones en formas apropiadas.
7. La habilidad para crear límites claros y precisos dentro del núcleo familiar, al definir quiénes son las figuras de autoridad, y los papeles que deben desempeñar los otros miembros de la familia. Esto ayuda a desarrollar un sentido o concepto del "yo", imagen propia y autonomía.
8. Un sentido o concepto de la unidad familiar al respetar las diferentes funciones de cada quien, las cuales tienen como propósito mantener al sistema familiar en forma óptima. Esto crea un sentido o concepto de "Nosotros".

LOS NUEVE DEBERES

El método de la **disciplina sin dolor** incluye nueve medidas básicas para los padres, llamadas los *nueve deberes*.

1. Los padres deben ofrecer amor incondicional a sus hijos. Los niños de todas las edades necesitan saber que son cuidados y queridos. Necesitan abrazos, besos, sonrisas y halagos para poder sentirse bien con ellos mismos, al igual que sentirse bien al ser parte de su familia. Siempre se les recomienda a los padres, como regla, que les den a sus hijos un mínimo de tres halagos al día. Éstos crean en ellos el deseo de repetir conductas positivas, especialmente cuando se realiza en el momento en que se han portado bien.

Estos halagos también ayudan a incrementar su autoestima.

2. Los padres deben poner mucha atención a lo que sus hijos dicen. Al hacer esto, no sólo tienen la oportunidad de aprender sobre sus necesidades, preocupaciones y pensamientos, sino que también harán que se sientan con la suficiente confianza de comunicarse abiertamente con ellos. Como resultado, los niños llegan a sentirse importantes en la vida de sus padres. Esto les crea el concepto de que son seres importantes en el mundo. Además, su autoestima se incrementa significativamente. Tomar tiempo para hablar con los niños puede resultar difícil para algunos padres, especialmente para los que tienen su tiempo extremadamente limitado con responsabilidades y trabajo. Sin embargo, es muy importante que hagan un esfuerzo adicional para darse tiempo para estar con sus hijos y de este modo escuchar lo que ellos tienen que decir. Esto puede llevarse a cabo antes de que el niño se vaya a dormir o aun mientras se lavan los platos. Es buena idea mantenerse firme al viejo concepto que dice que no es la cantidad de tiempo que comparte con sus hijos lo que hace la diferencia en cómo se desarrollan, sino la calidad del tiempo que se invierta.

3. Los padres deben hacer un esfuerzo consciente para comprender a sus hijos, y de las necesidades de éstos conforme van desarrollándose y madurando. Por ejemplo, los niños pequeños necesitan sentir más cercanía y calor físico que los niños mayores. Conforme crecen, comienzan a tener diferentes grados de independencia. Algunos padres interpretan este proceso de madurez natural como un abandono personal o rechazo por parte del niño. En muchos de estos casos los padres tienden a aferrarse a sentimientos de tristeza, los cuales más adelante son expresados como coraje dirigido hacia sus hijos.

4. Los padres deben ser firmes y definir límites claros. Éstos deben ser realistas y continuos. La falta de consistencia hace que estos límites se vuelvan inciertos, por tanto, fáciles de violar. Muchos padres caen víctimas de cambiar límites frecuentemente, con tal de acomodarlos a las necesidades de sus hijos. Esto también tiende a anular su grado de efectividad. Los límites son reglas familiares que necesitan ser consistentes y respetados por todos. Por ejemplo, si un niño se comporta de forma inadecuada en ciertas ocasiones, luego de que se le pide que no vuelva a hacerlo, el padre puede elegir mandarlo a su recámara (sin televisión), por un periodo de 30 minutos como consecuencia de su mala conducta. Lo que comúnmente sucede es que el niño entonces comienza a llorar y a negociar con el padre para que le reduzca de tiempo. El padre, sintiéndose mal por el castigo que impuso, puede llegar a suspenderlo después de los primeros quince minutos. Esta acción anula totalmente el plan de disciplina. El niño necesita aprender que las conductas negativas traen consecuencias y no que los padres pueden ser fácilmente manipulados cuando los niños lloran.

5. **Los padres deben incluir refuerzos o recompensas como parte de sus planes de disciplina.** Las recompensas ayudan a establecer y mantener las conductas deseadas en los hijos. Qué recompensas dar es un proceso muy delicado. Debe tenerse cuidado de que las recompensas correspondan con la edad del niño. Por ejemplo, para los niños muy pequeños, las sonrisas y abrazos será lo adecuado. Los niños mayores responden mejor a halagos verbales y a la adquisición de privilegios. Es sumamente importante evitar, en lo posible, darles dinero o juguetes como recompensa, ya que el mensaje que les daremos será que la buena conducta conlleva un valor material. Los niños rápidamente aprenderán a portarse bien sólo para obtener objetos cada vez más costosos. Los alimentos son otro tipo de recompensas que deben evitarse, ya que se crea en ellos una conexión psicológica, la cual sugiere que cada vez que se porten bien, se les dará de comer. Por tanto, cuando el niño se sienta mal, buscará qué comer para sentirse mejor. Esta es una forma muy común de crear desórdenes alimentarios, tal como la obesidad.

6. **Los padres deben animar y favorecer la independencia de sus hijos.** Cuando los niños respetan los límites impuestos por sus padres, también desarrollan sus propios límites. Para poder fomentar su independencia es importante comenzar el proceso de disciplina desde muy temprana edad y, conforme vaya creciendo, incluirlo en las decisiones de la familia. Por ejemplo, el niño puede escoger la estrategia de disciplina que será utilizada con él, especialmente cuando tenga que elegir recompensas y consecuencias. Esto ayudará a incrementar su valor, su sentido de responsabilidad e independencia.

7. **Los padres deben animar a sus hijos a que compartan sus sentimientos.** Pueden hacer esto abiertamente sobre sus propios sentimientos. Es importante estimularlos para que exploren y se sientan cómodos con sus propios sentimientos, y a que los expresen abiertamente. De nuevo, modelar este tipo de comportamiento, por parte de los padres, es la mejor manera de enseñarle a los hijos la base de la buena comunicación. Si usted recuerda, en el capítulo uno, la clave de la buena comunicación se encuentra en la expresión abierta y honesta de los sentimientos. En otras palabras, enseñe a sus hijos a decir siempre la verdad de lo que sienten, aun cuando crean que lo que van a decir no va a ser muy positivo.

8. Los padres deben fomentar la responsabilidad en sus hijos. Todos los niños necesitan tener deberes, tareas y responsabilidades en su casa. Sin embargo, éstos deben ir de acuerdo con la edad, la habilidad y capacidad de cada niño (por ejemplo, arreglar la cama es más fácil para los niños mayores, y recoger juguetes para los menores). Los deberes necesitan ser explicados claramente y con cuidado a cada niño, comunicándoles el límite de tiempo permitido para terminar cada deber. Siempre tenga en mente que los niños necesitan ser halagados y recompensados cada vez que terminen sus deberes y responsabilidades adecuadamente.

9. Los padres deben darles a sus hijos buen ejemplo. Los niños aprenden mucho observando la conducta de las personas que los rodean. Por tanto, la disciplina comienza en la casa y con los padres.

Los deberes de los padres con sus hijos son:

- *Ofrecerles su amor incondicional.*
- *Poner mucha atención a lo que dicen.*
- *Esforzarse por comprenderlos.*
- *Ser firmes y poner límites claros y precisos.*
- *Disciplinar por medio de recompensas y consecuencias.*
- *Animar y respetar su independencia.*
- *Animarlos a que compartan sus sentimientos.*
- *Fomentar su responsabilidad.*
- *Siempre darles buen ejemplo.*

PROCEDIMIENTO

Con base en las nueve medidas mencionadas anteriormente, el método de disciplina sin dolor funciona de la siguiente manera:

Ambos padres o las personas responsables del niño, necesitan estar de acuerdo en que van a serle fiel a este método de disciplina. Esto significa que se apoyarán mutuamente en cualquier decisión que tomen sobre la disciplina de su(s) hijo(s), en vez de crear contradicciones. Es de suma importancia que cuando la madre, por ejemplo, elija una consecuencia (o castigo) para su hijo, el padre no la contradiga suspendiéndola. Ambos padres necesitan escoger los castigos y juntos, mantenerse firmes a éstos. De otro modo, el niño aprenderá dos cosas negativas:

1. Que siempre habrá un padre que le suspenderá el castigo, por tanto, el niño escogerá al padre siempre que lo necesite para ser rescatado, ya que creerá que no necesita portarse bien, porque será defendido por el padre más débil, el que se da por vencido y le suspende el castigo.
2. La idea de una familia dividida, la cual interiorizará y crecerá aceptando. Las consecuencias para el niño en esta situación serán no sólo crecer con un sentido o concepto de familia dividida, sino también que esto facilitará las peleas por el poder y el control, y las divisiones de jerarquía inadecuadas.

Es importante que la familia entera se reúna, donde los padres puedan explicarle a sus hijos cómo funciona el método de disciplina y cómo juntos, lo irán personalizando para que funcione adecuadamente con su familia. Los niños necesitan ser parte del proceso de toma de decisiones. Ser parte de este proceso le da un sentido o concepto de responsabilidad, el cual obligará que respete las reglas, ya que tomó parte en el proceso para crearlas. Por ejemplo, con niños pequeños, el siguiente intercambio es común:

MADRE: —Jesús, tus responsabilidades son recoger tus juguetes cada vez que termines de jugar con ellos. Luego, necesitas ponerlos en su lugar, dentro de la caja de juguetes. ¿Comprendiste lo que te dije?

JESÚS: —Sí mamá.

MADRE: —Ahora, si no lo haces de esa forma un día, ¿qué crees que debamos hacer, recordarte o castigarte?

JESÚS: —Preferiría que me lo recordaran.

MADRE: —Bien, pero solamente lo haremos una vez. Si tenemos que recordarte una segunda vez, entonces tendrás que recibir un castigo (consecuencia). ¿Te parece justo?

JESÚS: —Sí.

MADRE: —Ahora, si llegamos al punto donde hay que castigarte, ¿cuál debe ser la consecuencia o el castigo?

JESÚS: —No sé.

MADRE: —Yo quiero que juntos decidamos cuáles son las consecuencias y las recompensas que vamos a utilizar. Quiero que lo hagamos juntos, como familia. ¿Qué te parece que la consecuencia sea, que no podrás jugar con tus juguetes el próximo día o, tal vez, que no puedas ver tus caricaturas favoritas en la tarde? ¿Cuál de estas dos crees que debamos elegir?

JESÚS: — ...que no juegue con mis juguetes el próximo día.

MADRE: —Bien. Tú acabas de elegir esa consecuencia y eso quiere decir que tú eres responsable de hacer tus deberes en la casa, todos los días. De otro modo, ya sabes lo que sucede.

JESÚS: —Sí.

MADRE: —Hablemos ahora de las recompensas que vas a recibir cada vez que hagas tus deberes como deben hacerse, todos los días...

Durante las reuniones familiares, todas las reglas familiares, tanto nuevas como viejas, necesitan hacerse públicas, aclaradas y especificadas para que cada miembro de la familia las conozca. Con énfasis especial, para aclarar esas reglas que están relacionadas con las responsabilidades de cada niño. Además, estas reglas deben ser escritas en papel para que se mantengan accesibles a todos. Recuerde involucrar a todos sus hijos en el proceso de la creación de reglas. Debe tenerse cuidado de que las reglas sean justas tanto para los hijos como para los padres.

Durante estas reuniones familiares, las recompensas o privilegios, al igual que las consecuencias o castigos, necesitan ser discutidas. Los niños deben saber cuáles son las recompensas que recibirán si desempeñan sus responsabilidades adecuadamente y respetan todas las reglas. Del mismo modo, cuáles son las consecuencias que recibirán si rompen algunas de las reglas, o si optan por no llevar a cabo sus responsabilidades.

Los padres deben supervisar el comportamiento de sus hijos por cortos periodos, para poder asignar las recompensas o consecuencias respectivas. Por ejemplo, si el niño tiende su cama por una semana consecutiva, su recompensa puede ser ir al parque con la familia durante un día el fin de semana. Es recomendable que mientras más pequeño sea el niño, más corto debe ser el periodo de supervisión. Los niños pequeños poseen un espacio pequeño de atención, y tener que esperar una semana por una recompensa, puede parecerles una eternidad. Por lo general, supervisar cualquier conducta por cortos periodos, y luego seguir esta supervisión con su recompensa o consecuencia en un periodo corto es mucho más efectivo que hacerlos esperar; tarde o temprano esta espera causa que el sistema de disciplina se convierta en un proceso inefectivo. De nuevo, la decisión de cuáles serán las recompensas y las consecuencias, necesita ser tomada por todos los miembros de la familia, no sólo por los padres, y asegurarse de que tales medidas son justas para todos.

Es buena idea que los niños puedan supervisar visualmente su propio progreso. Esto les crea y refuerza el deseo de superarse, también los mantiene constantemente al tanto de su propia conducta. Demostraciones visuales, tales como cartulinas con espacio para que marquen con líneas, cada conducta buena o mala, o un calendario donde se señale cada resultado de su conducta, o hasta usar una botella e ir llenándola con canicas de papel conforme el niño se va comportando adecuadamente, son algunas de las formas que se utilizan con mayor frecuencia y que dan mejores resultados; pero asegúrese de colocarlas en lugares donde el niño tenga constante acceso visual a ellas, como en la puerta del refrigerador, o en la puerta de la recámara de cada niño.

Ya que el niño se haya ganado alguna línea, canica de papel, o cualquier símbolo que sirva como representación de su buena conducta, **nunca** se la quite si se porta mal después de haberla adquirido. Lo que el niño se gane, ya se lo ganó. Por ejemplo, si cumple sus deberes por tres días consecutivos, debe recibir tres canicas de papel, una por día. Si en el cuarto día se porta mal, **no** le quite ninguna de las que ya tenga. En este caso, explíquele que el día que se porte mal no recibirá ninguna canica (símbolo de recompensa). Siempre déjele saber al niño que él es absolutamente responsable por sus propias acciones y conductas; si se gana una recompensa, debe hacerlo por sí solo, y si recibe un castigo, él eligió recibirlo al no comportarse adecuadamente.

Los padres también deben olvidarse de la idea de ponerle etiquetas a la conducta de sus hijos como "buena" o "mala". Cuando un padre le dice a su hija: "Susana, te portaste muy mal hoy; eres una niña mala y, por tanto, no te ganas una canica", lo que realmente le está diciendo es: "Eres una niña mala." La niña que crece creyendo que es mala se convence de ello y, por tanto, sólo será capaz de hacer cosas malas. La manera apropiada de hablarle a los hijos es señalarles su mala conducta y luego hacerlos responsables por ésta. Se le debe decir: "Susana, hoy no arreglaste tu cama y por eso, mañana no verás tus caricaturas favoritas." Así la niña aprenderá que ella tiene el control de su comportamiento y de sus acciones, por tanto, es responsable de las consecuencias y/o recompensas. La misma regla se aplica para los privilegios.

Cuando un niño se comporte inapropiadamente o rompa alguna regla, lo primero que los padres deben hacer es poner una de sus manos sobre el hombro del niño, mirarlo directamente a los ojos y explicarle lo que acaba de suceder. También se le debe explicar la consecuencia de su conducta. Se les recuerda ser firme y consistente en su método de disciplina. Recomiendo a los padres que eviten disciplinar a sus hijos si están enojados. Es mejor esperar hasta que el coraje se disipe antes de decidirse a castigarlos.

Las consecuencias o castigos vienen en diferentes formas. Éstas pueden ser, suspensiones de privilegios, tal como no permitir que los niños vean ciertos programas de televisión, o no dejarlos salir a jugar por cierto tiempo. Es importante que la suspensión esté relacionada con la mala conducta del niño. Además, deben tener en cuenta que los castigos deben ser por un tiempo razonable, que no sea exagerado. Por ejemplo, si un niño no tiende su cama, no es buena idea privarlo de salir a jugar por una semana, cuando sería más efectivo no dejarlo jugar por un día.

Muchos padres tienden a suspender el castigo antes de tiempo, si el niño comienza a llorar o si pide que se le suspenda. *Los padres deben mantenerse firmes en su decisión.* Si acostumbran a sus hijos a que los castigos o consecuencias pueden suspenderse antes de tiempo, éstos aprenderán a manipularlos de esta manera.

No se recomienda el uso de consecuencias o castigos físicos o corporales. Este método de disciplina tiende a ser inefectivo, cuando el niño aprenda que todo lo que le sucederá después de desobedecer a sus padres será recibir golpes. Sin embargo, puede que surjan situaciones donde después de tratar todo tipo de técnicas disciplinarias, el niño continúa sin hacerle caso a sus padres. En estos casos, si decide castigar físicamente a su hijo, pegarle en las nalgas será suficiente. **Jamás** le pegue a un niño con algo más que su mano abierta y nunca lo haga en la cara o cabeza, sino en sus nalgas, y siempre explíquele las razones que lo llevan a tomar esta decisión. Debe asegurarle a su hijo que lo quiere y que por eso tuvo que recurrir a este tipo de castigo.

Cuando regañe a su hijo, con un ¡no! firme o un ¡basta!, es suficiente. Tenga cuidado de no regañarlo con frecuencia, ya que al igual que el castigo físico, también pierde efectividad. Además, este método causa que el niño llegue a sentirse inepto e inadecuado como hijo. Finalmente, recuérdele que la disciplina es un proceso de amor.

Consecuencias o castigos sugeridos:

a) Reducción del tiempo para ver televisión.
b) Cancelar paseos.
c) Restringir actividades que le gusten.

Recompensas o privilegios sugeridos:

a) Derecho a ver un programa especial de televisión.
b) Tiempo adicional para jugar.
c) Juegos con la familia.
d) Leerles un cuento antes de dormir.

Es buena idea utilizar, entre las recompensas, certificados o diplomas que resalten los diferentes tipos de conductas positivas. El niño tiene, con éstos, un objeto tangible y visual que le recuerdan su logro adquirido.

Cómo enseñar a los niños el lenguaje de los sentimientos

Como ya hemos dicho, la clave de la buena comunicación reside en la habilidad para expresar honestamente nuestros sentimientos al momento que los experimentamos, de forma calmada, clara y organizada. Es importante también tener la capacidad de saber escuchar, no entrar en acusaciones, sino en entender los sentimientos de cada quien. Para lograr esto, necesitamos poseer y dominar el lenguaje de los sentimientos.

Hace unos años, llegó a mi oficina una joven de unos 24 años de edad. Su queja principal era que experimentaba sensaciones "raras". Me comentó que en diversas ocasiones veía rayos de luces que subían o bajaban por las paredes de su casa o de cualquier lugar donde se encontraba. Además, con frecuencia sentía que las fotos de los cuadros la miraban, especialmente un cuadro grande con Jesucristo, el cual ella había tenido que guardar en un armario ya que "éste no dejaba de mirarla". Durante nuestra primera entrevista y mientras me comentaba sobre sus síntomas, repentinamente dijo: "Mi silla acaba de hundirse." Obviamente, nada había cambiado ni se había movido en la oficina. Lo que sucedía con esta joven era bastante difícil de comprender. Fue hasta que llegué a trabajar con ella varias semanas, que pude darme cuenta de que carecía de un lenguaje para expresar sus sentimientos, por tanto, su vocabulario era extremadamente limitado. Cada vez que sentía sensaciones internas relacionadas con sentimientos, la joven las exteriorizaba, proyectándolas a sensaciones "raras" fuera de su cuerpo. El truco para eliminar toda esta serie de síntomas que ella experimentaba, consistió en enseñarle a desarrollar y dominar su propio vocabulario de sentimientos.

Este dominio, debe comenzar en la niñez para que cuando la

persona sea adulta, posea un amplio vocabulario de sentimientos. Sin embargo, si éste no se desarrolla a temprana edad, puede aprenderse después, ya de adultos.

Mi experiencia durante los años que llevo practicando psicoterapia con familias, parejas, individuos y niños, ha sido que un gran porcentaje de estas personas tienen dificultad para "sentir". Muchos de mis pacientes reportan que se sienten "privados de la experiencia de sentimientos" con eventos, personas y asuntos que los rodean. Otros tienen la capacidad de reconocer la presencia de algunos sentimientos, pero no tienen la habilidad para expresarlos en las circunstancias en que los requieren. Este grupo de personas reporta haber tenido sentimientos en algún momento de su vida, pero sólo a un nivel superficial y mínimo. Aun otros sienten que sus sentimientos existen dentro de un tipo de telaraña, interconectados y enrollados en forma confusa y desordenada, lo cual evita que tengan acceso a ellos; esto les crea frustración y la sensación de falta de fuerza o desamparo.

MÉTODO DE ENSEÑANZA

La dificultad para expresar sentimientos puede superarse, si los padres se aseguran de que sus hijos aprendan su lenguaje lo más temprano posible, durante su desarrollo. Sin embargo, es importante tener en cuenta que nunca es demasiado tarde para aprender. Todos los niños y adultos de cualquier edad pueden hacerlo fácilmente.

Hay un método para el lenguaje de los sentimientos, y tres razones hacen que éste sea extremadamente efectivo:

1. No asusta, es un método simple y sutil que está caracterizado por un alto grado de universalidad y familiaridad. Esto quiere decir que trasciende barreras geográficas y que es aplicable a niños de cualquier país.
2. Puede ser aplicado a cualquier edad de todos los grupos étnicos, culturales y de género.
3. Su propósito es construir un lenguaje de sentimientos fuerte y efectivo.

POR MEDIO DE DIBUJOS

Aunque expresar sentimientos aparenta ser algo bastante fácil y simple en la superficie, para una persona que tiene dificultad con relaciones interpersonales y la comunicación, esto suele ser extremadamente difícil. Ya que queremos enseñarle a los niños cómo sentirse a gusto con sus sentimientos, este método utiliza dibujos para convertir esta técnica en un juego. El niño que utilice este método sentirá que está jugando y no aprendiendo un procedimiento. Todos sabemos que los niños generalmente reaccionan adversamente a la idea de aprender, ya que esto lo relacionan con la escuela, y lo perciben como algo negativo. Por eso esta técnica está fuera de estos parámetros y se presenta como una actividad de juego. Los dibujos también son una forma de expresión personal, utilizados por los niños como una forma de comunicar lo que sienten, aun antes de que empiecen a hablar. Muchos investigadores han expresado sus opiniones sobre los dibujos. Generalmente éstas resumen que crear un objeto concreto, como un dibujo, facilita la comunicación con otros sobre sentimientos personales, especialmente si dichos sentimientos provocan miedo o son difíciles de expresar.

Los dibujos son el vehículo ideal para que la expresión de emociones sea segura y exenta de peligros. En esta actividad, los dibujos iniciarán la enseñanza del lenguaje de los sentimientos. Se utilizarán dibujos del rostro humano. El rostro (o la cara) fue elegido como la armazón, ya que este es el punto clave para la expresión de emociones y sentimientos. Recuerde, si es posible, cuando ha sentido que alguien está enojado o molesto con usted. ¿Cuál fue el primer lugar donde usted se enfocó para determinar si esto era verdad (para validar sus sentimientos)? A la cara de la otra persona, ¿no es así? Ésta es el centro principal de enfoque siempre que interactuamos con otros, a cualquier nivel. Generalmente podemos saber cómo se sienten los demás, fijándonos en las expresiones de su rostro.

Los dibujos de las caras se recortarán para crear caras tipo "máscara" (este proceso, así como los materiales, se describen con mayor detalle en los siguientes párrafos). Por medio de éstas, los niños podrán expresar emociones y sentimientos que, de otro modo, serían difíciles o imposibles de comunicar. Esto es cierto especialmente para aquellos niños que no pueden expresar sus emociones por medio de palabras; las "caras de los sentimientos" son la herramienta adecuada para facilitar este proceso. Para aquellos niños que aún no poseen un lenguaje o vocabulario de sentimientos, las "caras" se encargarán de eso, permitiéndoles que examinen cuidadosamente cada una de las "caras". Ya que el niño posea la herramienta de expresión, podrá comenzar a comparar y a relacionar sus propios sentimientos de forma adecuada y efectiva. Una vez logrado esto, las destrezas de la comunicación pueden ser enseñadas al niño de una forma más fácil y práctica, ya que la base de la comunicación se ha establecido: el lenguaje de los sentimientos.

Materiales

Necesitará hojas de papel en blanco, pegamento, una caja de lápices de colores o cualquier tipo de crayones para colorear, una caja de abatelenguas de madera o los palitos de madera utilizados para las paletas de hielo, tijeras, y hojas con el contorno de la cara humana dibujado en cada una (a las hojas le llamaremos "hojas de las caras").

Para hacer las hojas de las caras, dibuje en una hoja de papel blanco (hojas de cartulina serían ideales, ya que éstas necesitan ser extremadamente firmes), el contorno de una cara, sin cabellos, ni orejas, y sin definir el género.

Ejemplo:

"Hoja de la cara"

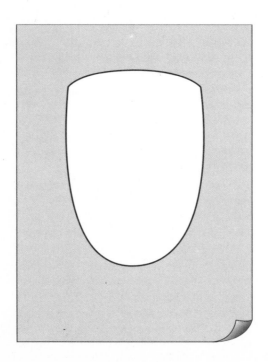

Ya que haya hecho el dibujo, multiplíquelas, para tener una buena provisión de hojas de la cara. Éstas serán utilizadas constantemente. Si no tiene acceso a una fotocopiadora, use un cartón grueso, dibuje el contorno de la cara y recórtelo, después trace su forma a hojas de cartulina. Ya que tenga todos estos materiales listos, guárdelos en una caja a la que llamará **"Las caras de los sentimientos"**. Esta caja será utilizada con frecuencia. Será la caja del juego para su hijo(a), por tanto, sería buena idea decorarla con diferentes caras dibujadas por la parte exterior de ésta, caras felices, tristes, asustadas, etc. Junto con su hijo(a), puede personalizar esta caja, llamándola por el nombre de éste(a). Por ejemplo, puede escribir en el frente, **"Las caras de los sentimientos de Susana"**. Esto le dará un atractivo adicional al juego, que llamará mucho la atención de su hijo(a).

EL INVENTARIO DE LOS SENTIMIENTOS

También deberá hacer una hoja llamada **"El inventario de los sentimientos"**. Ésta será simplemente la hoja donde su hijo(a), junto con usted, hará su lista de todos los sentimientos que existen en su mundo en el momento que comiencen esta actividad. Esta lista crecerá conforme el vocabulario o lenguaje de sentimientos de su hijo(a) se vaya expandiendo. Todo lo que necesita es una hoja de papel tamaño carta, dividida en cuatro partes iguales. Para hacer esto, trace una línea vertical en el centro de la hoja, y una línea horizontal que la divida en cuatro partes o cuadrados iguales. Numere cada una de estas partes del 1 al 4. El cuadro número 1 es para la lista de "Sentimientos que otros han tenido". El cuadro número 2 es para anotar los "Sentimientos que nunca he tenido". El cuadro número 3 es para los "Sentimientos que quisiera tener" y el número 4 es para los "Sentimientos que he tenido". Obviamente, el cuadro número 4 es el más importante, sin embargo, el proceso debe comenzar desde el número 1, ya que éste no invade la privacidad del niño(a) que no está acostumbrado a manejar estos conceptos. En esta actividad el niño sentirá más confianza conforme vaya desempeñándola.

Este inventario necesita ser modificado para los niños muy pequeños. Obviamente que preguntarle a un niño pequeño sobre los sentimientos que nunca han tenido (cuadro 2), o los sentimientos que quisieran sentir (cuadro 3), no es recomendable, ya que probablemente no logren comprender el concepto; son demasiado pequeños. Se deja a discreción de los padres evitar o utilizar cualesquiera de los tres primeros cuadros, si lo consideran apropiado para su hijo(a). Una regla general que debe tenerse en cuenta es que, si el niño(a) no comprende la pregunta, no debe utilizarse. Pero el cuadro número 4 sí es necesario e imprescindible para todos los niños. Con niños mayores, deben utilizarse todos los cuadros que forman parte del inventario si éstos tienen la capacidad para comprender las preguntas. Ir cuadro por cuadro desarrolla la capacidad y la habilidad de los niños para ponerse en contacto con sus sentimientos.

Procedimiento

Es un proceso de cuatro pasos que debe llevarse a cabo cuando los padres y sus hijos estén juntos. A este procedimiento se le debe llamar "un juego nuevo", para que el niño se forme una noción preconcebida de que esta actividad será placentera y positiva. Ya que se comience a utilizar, debe hacerse de forma constante hasta que el niño haya creado su lenguaje de sentimientos, de otro modo, la actividad perderá su grado de efectividad.

Primer paso

Explíquele a su hijo que tiene un nuevo juego llamado "Las caras de los sentimientos de _____ " (incluya aquí el nombre del niño). Dígale algo como:

> Susana, aquí tengo un juego nuevo, se llama *"Las caras de los sentimientos de Susana"*, porque es un juego especialmente para ti. Vamos a hacer muchos dibujos y, luego, los vamos a convertir en lindas máscaras. ¿Verdad que suena divertido?

Luego, muéstrele la caja que ha hecho para él, la cual lleva su nombre por fuera. Este es un juego para dos o más personas, y no sólo para una. Por tanto, cada vez que su hijo sienta deseos de jugar, debe decírselo a usted. Es buena idea mantener la caja con los objetos en su posesión, pero siempre accesible a su niño. Con el tiempo y la práctica, su hijo se dará cuenta de que este juego es divertido y que la expresión de sentimientos también lo es.

Utilice el "Inventario de los sentimientos" y pídale a su hijo que identifique los sentimientos que corresponden a cada uno de los cuadros. Haga una lista de estos sentimientos en el cuadro que le corresponde. Continúe este proceso con los cuadros que considere apropiados. Puede que su hijo sólo tenga la capacidad inicial de identificar uno o dos sentimientos la primera vez que practique esta actividad. Esto es normal. Nunca lo fuerce a llegar más allá de donde él se sienta bien. No es buena idea tratar de desarrollar su vocabulario en cinco minutos, esto toma tiempo; sea paciente. Usted puede ayudar a su hijo si éste enfrenta alguna dificultad, recordándole una situación en particular en la que él se sintió feliz, triste o enojado, y pregúntele cómo se sintió en ese momento. Pero si el niño no logra contestar su pregunta o nota que se resiste al proceso, no lo obligue a seguir. En este caso dígale que van a descansar un rato y que luego o mañana continuarán jugando. Esta actividad no se realiza una sola vez. Siempre trate de crear un ambiente placentero y relajado cuando practique este juego con su niño.

Ya que sienta que su hijo ha llegado al punto en donde ha identificado todos los sentimientos que conoce, estará listo para el siguiente paso.

Segundo paso

1. Antes de mostrarle las hojas de las caras del niño, al igual que todos los materiales necesarios para llevar a cabo esta actividad, asegúrese de que éste está consciente de que:

a) Su habilidad artística no es importante y no es algo que se va a juzgar en este juego.

b) El que se utilice una representación de la cara no significa que sólo deba dibujar las diferentes partes de la cara (ojos, nariz, etc.). Lo ideal es que dibuje la primera imagen que le venga a la mente acerca del sentimiento específico. La libertad de expresión es recomendada. Si lo que le viene a la mente son flores, éstas serán las que debe dibujar.

c) Las líneas que señalan el contorno de la cara no son firmes. Esto significa que tiene la libertad de dibujar fuera de éstas si así lo desea.

d) A lo largo del juego, nuevas caras serán añadidas conforme va recordando, identificando y añadiendo nuevos sentimientos a su vocabulario. Cada sentimiento nuevo debe añadirse primero en el "Inventario de los sentimientos", y luego construir su cara correspondiente.

2. Muéstrele al niño la hoja de la cara, junto con todos los materiales necesarios, y luego descríbale, paso a paso, el proceso de construcción. Es buena idea si usted dibuja la primera cara como ejemplo. Se le sugiere que, como padre o madre, haga su propio "Inventario de los sentimientos" *después* de que su hijo haya terminado el suyo. Pero asegúrese de hacerlo frente a él, para que sienta que tanto usted como él son parte de un equipo.

Cada sentimiento necesita ser trabajado individualmente. Ya que le entregue la primera hoja de la cara a su hijo, escriba en la parte de arriba, y dentro de la cara, el nombre del sentimiento que se va a dibujar. Luego, pídale al niño que dibuje su representación del sentimiento de la forma que quiera. Este proceso es continuo hasta que todos los sentimientos mencionados en el cuadro número 4, del "Inventario de los sentimientos" tengan una hoja de la cara correspondiente, con un dibujo. Anime a su hijo para que disfrute este procedimiento. Déle permiso para que dibuje lo que él crea que está asociado con cada sentimiento, y que utilice todos los colores que quiera.

Usted puede decirle a su hijo lo siguiente:

Bien, ahora el primer sentimiento que vamos a dibujar es el de

_____ . ¿Cuándo fue la última vez que recuerdas haberlo sen-

tido? Cierra tus ojos y trata de ver en tu mente lo que sucedió. ¿Qué

sentiste en esa ocasión? ¿Cómo puedes dibujar eso que sentiste aque-

lla vez?

Si su hijo tiene dificultad para contestarle, ayúdelo con la siguiente pregunta:

¿Puedes recordar la última vez que te sentiste así? (mencione el sentimiento). ¿Cómo te sentiste por dentro? ¿Qué deseos tenías en ese momento?

Ya que el niño se haya puesto en contacto con sus recuerdos y sentimientos, y pueda dibujarlos, dígale:

Bien, ahora necesitamos dibujar ese mismo sentimiento en esta cara. ¿Cómo crees que quedaría? ¿Tendría alguna forma o color especial?

Continúe este proceso hasta que todos los sentimientos tengan su hoja de la cara, correspondiente.

3. Recorte el contorno de la cara (si el niño dibujó fuera del contorno, recorte alrededor de esta parte también) y, con pegamento, pegue un abatelenguas o palito de paleta a la parte de atrás de la cara. Asegúrese de que la mitad del palito quede pegado a la parte de atrás de la cara, y la otra mitad quede libre, para ser utilizada como agarradera de la máscara.

4. IMPORTANTE: Si se da cuenta que a su hijo le toma mucho tiempo crear una de las caras en particular, esto generalmente indica que tiene algún tipo de dificultad con el sentimiento que está tratando de dibujar. Por tanto, es buena idea poner atención especial a estas situaciones cuando platique de cada uno de los sentimientos con su hijo. No es nada fuera de lo común que un niño que le teme a la oscuridad se tarde en dibujar la cara correspondiente al sentimiento de "miedo". En estos casos, necesita conversar con su hijo sobre el miedo y animarlo para que comparta sus sentimientos con usted. Asegúrese de no burlarse de su miedo, ni de minimizar la reacción de su hijo, sino apóyelo diciéndole que sabe lo difícil que esto debe ser para él. Ofrézcase como la persona a quien su hijo puede acudir para resolver esta situación de miedo. Al hacer esto, brindar apoyo sin juzgarlo, le dará confianza y animará la comunicación abierta.

Puede llevarse varios días para completar este procedimiento Tómese todo el tiempo necesario sin presionar a su hijo, haga que se sienta independiente dejándolo decidir cuándo desea dejar de jugar y cuándo desea comenzar de nuevo.

Abajo se presentan las caras terminadas. Fíjese en la agarradera, la cual está unida con pegamento en la parte de atrás de la cara. Centrado, en el extremo de arriba, está el nombre del sentimiento representado en el dibujo.

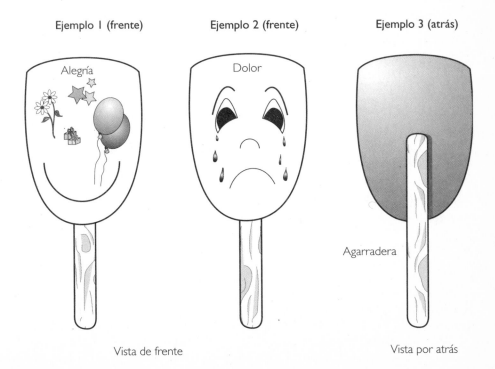

Ejemplo 1 (frente)   Ejemplo 2 (frente)   Ejemplo 3 (atrás)

Alegría   Dolor   Agarradera

Vista de frente   Vista por atrás

Tercer paso

Ya que todos los sentimientos hayan sido identificados y todas las caras correspondientes hayan sido construidas, usted está listo para el próximo paso. Este paso no requerirá que su hijo continúe dibujando, por tanto, es buena idea comunicarle que, conforme vaya identificando nuevos sentimientos, debe añadirlos a la lista del cuadro número 4, del "Inventario de los sentimientos". De este modo, la próxima vez que jueguen parte del tiempo lo utilizarán para construir las caras correspondientes a los nuevos sentimientos.

El próximo paso consiste en designar un horario diario en el que usted y su hijo van a comunicarse regularmente, para poder analizar cada uno de los sentimientos identificados y representados en las caras. Este proceso explora el vocabulario actual de sentimientos de su hijo, y refuerza cada sentimiento nuevo que logre identificar y aceptar como parte de él mismo. En cada sentimiento asegúrese de que su hijo mantenga firmemente en su mano la máscara construida que lo represente. De este modo, se crea una asociación entre el sentimiento, el nombre escrito que lo describe y su representación gráfica.

La siguiente lista sugiere que usted, como padre o madre, se enfoque en el proceso de discutir y compartir los sentimientos de sus hijos. El propósito de esta actividad es llevar la discusión de sentimientos a un punto cómodo y rutinario para el niño, en donde pueda aceptarlo diariamente. Ya que esto se haya logrado, las posibilidades de que exista una buena comunicación se incrementan. Cada lista es diferente para cada niño, por tanto, puede añadir o borrar sugerencias si cree que son pertinentes a su situación.

1. Comparta con su hijo el significado específico que cada sentimiento tiene para él. Pregúntele cuántas veces lo ha sentido, cómo le gusta o disgusta. Pregúntele, además, qué tipos de situaciones lo hacen reaccionar con este sentimiento en particular, y cómo se siente cuando está así.

2. Analice el contexto en donde el sentimiento es regularmente reconocido, experimentado y señalado. Asegúrese de que su hijo reacciona adecuadamente en los diversos tipos de situaciones. Esto le dará información sobre cuáles son las áreas donde su hijo necesita ayuda adicional. Por ejemplo, ¿es más probable que sienta miedo cuando está solo? Si éste es el caso, entonces trabaje con su niño en su miedo a estar solo y enséñele cómo sentirse bien consigo mismo. Ahora podrá comprender por qué su hijo lloraba cada vez que tenía que quedarse solo en su recámara.

3. ¿Cómo reacciona o responde su hijo a cada uno de los sentimientos? Cuando se enfrenta a sentimientos difíciles, ¿trata de controlarlos o se siente tan frustrado con ellos, que pierde el control y responde adversamente? ¿Es lógica y/o adecuada la manera de responder a esta situación por parte de su hijo? ¿Es apropiada para su edad?

4. Analice qué tanto se adueña o se aleja su hijo de cada sentimiento. ¿Lo acepta como suyo, o tiende a negarlo creyendo que no es real? En casos donde el niño tiene dificultad con algún sentimiento en particular, su tendencia será apartarse de él lo más posible, diciendo: "Si no pienso en él, entonces se irá."

5. ¿Existen algunas dificultades asociadas con algún sentimiento en particular? Si la respuesta es Sí, ¿cuáles son? Recuerde que la meta de esta actividad es lograr que el niño se familiarice con la experiencia de sus propios sentimientos para que, de este modo, éstos se conviertan en algo rutinario y parte de su vocabulario.

6. ¿Cuáles son los aspectos positivos y negativos de cada sentimiento? Por ejemplo, usted puede explorar estos aspectos cuando su hijo esté enojado, triste o con miedo.

7. Cuando el niño discute y comparte sus sentimientos, ¿los incorpora a su repertorio, o se mantiene distanciado de ellos? Si cree que el niño no se siente cómodo con algunos sentimientos, entonces usted debe seguir explorando y discutiendo cada uno más a fondo.

Cuarto paso

Ya que todos los sentimientos hayan sido discutidos y compartidos, el niño debe tener un mayor grado de conocimiento sobre lo que siente, por tanto, habrá también creado su lenguaje o vocabulario de sentimientos. Sin embargo, el proceso no termina aquí. Los padres deben tener, de forma consistente, tiempo para compartir con sus hijos. Durante estos periodos señalados para la comunicación, los padres deben asegurarse que todos las "caras", representando los sentimientos de sus hijos, estén fuera de la caja, y tendidas sobre una superficie plana, al alcance de éstos. Durante la comunicación, si el niño comienza a decir que se siente de cierto modo, debe buscar la máscara que represente ese sentimiento y mantenerla en sus manos mientras habla del sentimiento. ¿Cuál es el propósito de esto? Esta acción le refuerza su sentimiento y hace que gane mayor conocimiento acerca de él. Trae los aspectos cognitivos (proceso de pensar), visuales y experienciales sobre el sentimiento al centro de la realidad del niño; del momento que está viviendo.

Si durante estas actividades el niño se encuentra con un sentimiento que aún no había descubierto anteriormente, entonces debe añadirlo al "Inventario de los sentimientos", y luego crear una cara que lo represente. En otras palabras, este proceso debe continuar conforme el vocabulario del niño vaya expandiéndose.

Según progresa esto, lo que está básicamente sucediendo es que el niño(a) interiorizará (aceptando como parte de sí mismo), integrará y se adueñará de todos los sentimientos, lo cual hará que los incorpore en su vocabulario de sentimientos.

Mi experiencia ha revelado que cuando los niños finalmente entienden, exploran, reconocen, aceptan e integran sus sentimientos, la comunicación se convierte en un proceso adecuado y efectivo. Tener un vocabulario de sentimientos permite la comunicación efectiva, ya que sin él los niños carecerían del lenguaje apropiado y de experiencias internas de sentimientos que son necesarios para un funcionamiento adecuado. Al adquirir el vocabulario de sentimientos en la infancia, al llegar a la edad adulta la expresión de sentimientos será algo común. Esto resultará en un proceso de comunicación mucho más efectiva, ya que bien sabemos que la falta de expresión de sentimientos es la causa de la mala comunicación.

Un paso opcional

Durante mis sesiones terapéuticas, muchas veces prefiero llevar este proceso un paso más allá. Si usted tiene acceso a una cámara de video, le sugiero que haga lo siguiente. Dígale a su hijo que quiere hacer un documental sobre sus sentimientos. Con todas las máscaras enfrente, explíquele que todos esos sentimientos viven dentro de él, y que usted quisiera filmar este evento. Muéstrele cada máscara y, pregúntele qué incidente tuvo que recordar para dibujar el sentimiento en la cara. Escriba en hojas de papel lo que su hijo le va contando sobre sus sentimientos, uno por uno. Luego que haya anotado todos, pídale a su hijo que escoja el título del documental. Filme esto como si fuera a hacer una película. Por ejemplo:

1. Comience filmando el nombre del autor (en este caso su hijo):

Susana García presenta

2. Filme el nombre del documental:

Esta soy yo

3. Filme cada máscara por unos seis segundos, mientras que su hijo narra los comentarios que le contó y que usted escribió.
4. Cuando termine todo este proceso, pídale a su hijo que, frente a la cámara, comparta algunas palabras sobre el proceso que acaba de concluir.
5. Con un objeto con punta, perfore un hueco en la agarradera de cada máscara.
6. Corte un tramo largo de cordón y párese frente a su hijo. Ensarte cada máscara con el cordón. Conforme lo va haciendo, su hijo debe decir: "Este es mi sentimiento de _____ , y está dentro de mí; es mío, me adueño de él."
7. Haga esto con todas las máscaras. Finalmente, cuando todas estén ensartadas con éste, amarre el cordón, creando un collar de sentimientos. Colóquelo sobre el cuello de su hijo para que pueda sentir su vocabulario de sentimientos, ya interiorizado, como parte de él.
8. Con el permiso de su hijo, reúna a su familia y siéntela a ver el video. Haga de esto un evento familiar y divertido, como si estuviera en un cine. Esto debe ser una celebración de la adquisición por parte de su hijo, de su vocabulario de sentimientos.

ADULTOS, HIJOS DE MALOS COMUNICADORES

¿Qué pasaría si un niño nace dentro de una familia de malos comunicadores? La posibilidad de que practique la mala comunicación es bastante alta . Después de todo, los niños son muy susceptibles de practicar lo que aprenden en casa.

Imagínese haber crecido escuchando a mamá, papá y los abuelos siempre discutiendo y tirándose piedras. Este tipo de manifestaciones tiende a reproducirse generación tras generación. Son fuerzas muy poderosas las que forman a niños que practican la mala comunicación, los cuales se convierten en hijos adultos de malos comunicadores.

Sin embargo, existe un gran malentendido sobre esta situación. Se cree erróneamente que si los niños crecen dentro de una familia de malos comunicadores, entonces no hay solución ni posibilidad de cambio, ya que éstos jamás conocieron otra manera de comunicarse. Esto no es cierto. En estos casos, lo que el niño ha aprendido realmente es a no expresar sus sentimientos adecuadamente, por tanto, se expresa por medio del coraje; que es la base de la mala comunicación.

Si usted comparte y cree en este modo de pensar, como lo hago yo, entonces comprenderá que sí hay esperanza para los adultos hijos de malos comunicadores. Estas personas necesitan pasar por el proceso de adquirir un lenguaje o vocabulario de sentimientos para que, de este modo, aprendan a comunicarse adecuadamente. Recuerde que la mala comunicación sólo es un síntoma. La falta de expresión de sentimientos es la causa; por tanto, ésta se convierte en el blanco o enfoque del cambio.

¿Qué sucede con adultos que jamás tuvieron la oportunidad de adquirir un vocabulario de sentimientos o que se han negado el acceso a sus propios sentimientos? ¿Existe esperanza para ellos?

¡Definitivamente que sí!

Sí hay esperanza

Todos los seres humanos practicamos la mala comunicación durante el transcurso de nuestra vida; algunos más que otros. El hecho de que hagamos esto de vez en cuando no significa que todos nuestros intercambios verbales con otras personas, estén caracterizados por lanzar piedras. Solamente cuando el coraje llega a adquirir un papel importante en nuestra vida y de nuestras relaciones interpersonales, es entonces cuando la posibilidad de lanzar piedras se incrementa. En estos casos, debemos estar alertas.

El propósito principal de los que lanzan piedras es causar heridas y dolor emocional, pero menos obvia y visible, se encuentra una razón subyacente y fundamental, la cual tiene que ver con encubrir u ocultar sentimientos de insuficiencia y fracaso.

Cuando a estas personas se les cuestiona acerca de su estilo para comunicarse, la mayoría considera que lo hace de manera adecuada y que su forma de resolver problemas es más que eficiente. Estas personas también culpan a los demás, quienes, según ellos, no hacen el esfuerzo por mejorar su modo de comunicarse y, por tanto, quedan en medio de una situación sin salida. Sin embargo, es la falta de responsabilidad, o tal vez su alto grado de negación de sus propios sentimientos lo que no les permite formar un cuadro claro sobre lo que realmente está sucediendo con ellos. Siempre es más fácil culpar a otros de nuestros errores. De esta forma, no necesitamos preocuparnos ni eforzarnos por cambiar nuestra forma de ser.

LAS PAREDES SE CONSTRUYEN CON PIEDRAS

Perdidos dentro de una batalla ciega con sólo una meta: causar dolor, estas personas pierden la noción de la gran cantidad de piedras que lanzan durante los intercambios de la mala comunicación. El efecto más irónico y devastador de lanzar piedras y que tiende a mantenerse generalmente fuera del nivel consciente de las personas que lo hacen activamente, es el siguiente. Durante estas batallas utilizan las piedras que les lanzan para construir paredes que los protejan y los defiendan contra los demás. Por tanto, en vez de aclarar situaciones y abrir los canales de comunicación, las batallas de pedradas tienden a hacer lo contrario, a cerrar dichos canales y a crear separación y enajenamiento entre las personas. Aquellos que toman parte en severas batallas de piedras, terminan por crear paredes aún más altas y más gruesas, las cuales serán mucho más difíciles de derrumbar en el futuro.

¿Hay un fin para estas batallas? ¿Hay esperanza?

Sí. La guerra puede evitarse si se siguen ciertos pasos. La meta de éstos es el mejoramiento, en este caso entendido como el decremento en la mala comunicación.

Los 12 pasos

Los siguientes pasos logran cambios simples y efectivos.

1. Elimine las agendas ocultas. Siga las sugerencias mencionadas en el capítulo 4, pase por el proceso de identificar, aclarar y rectificar cualquier asunto que pueda haber estado reprimido, ignorado o sin resolver. Esto debe hacerlo individualmente con quien haya tenido algún tipo de dificultad. Pregúntese a sí mismo: "¿Qué es lo que me hace sentir coraje hacia esta persona?" Haga una lista de las diferentes características y/o aspectos de la persona, los cuales alimentan su nivel de coraje. Por ejemplo, ¿será su falta de puntualidad?, o ¿será tal vez su tono agresivo al hablar? Ya que la lista esté completa, proceda al siguiente paso.

Cuidadosamente, analice cada ítem y pregúntese lo siguiente: "¿Cómo *hiere* mis sentimientos este ítem en particular?" Al hacer esto, logrará identificar las agendas ocultas que tienden a surgir durante el proceso de comunicación. Por ejemplo, si lo que le molesta de esta persona es su falta de puntualidad, puede que lo hiera pensar que ésta le es infiel (en el caso de que esta persona sea su pareja), cada vez que ésta llega tarde de algún lugar. Por tanto, la agenda oculta sería la *falta de confianza*. Si lo que le molesta es su tono de voz agresivo, puede ser que haya un problema por el poder entre usted y la otra persona. En tal caso, el *control* sería la agenda oculta. Ya identificada toda esta información, estas agendas deben de ser discutidas abiertamente para descartarlas.

2. Deje de pelear por el poder. Conforme vaya identificando las diversas agendas ocultas, los asuntos y temas incómodos sobre su vida encontrarán escape y se harán visibles. Esto le dará una idea sobre las posibles causas de sus peleas por el poder. Identifique las situaciones donde se siente inseguro, inadecuado o dudoso. Usualmente las personas defienden sus sentimientos de inferioridad peleando por el poder. Piense que usted es un ser humano positivo y valioso, que tiene la capacidad y el potencial para lograr todo lo que se proponga.

Aprenda a apreciar todo lo bueno y positivo de usted, su cuerpo, mente, sentimientos, maneras, sueños, debilidades, errores, deseos, éxitos, metas, fracasos, etc. Arriésguese a ser honesto y abierto, aunque nadie lo sea con usted; a tener intimidad, aunque nadie se le acerque; a querer, aunque nadie le exprese cariño, ya que al hacer todo esto, amará y respetará a la persona más importante en su vida: **usted**.

Busque formas de cómo sentirse mejor consigo mismo y asóciese con personas que lo valoren y lo hagan sentir bien. Asegúrese de que las personas con quien ha tenido dificultades, lo aprecian y lo hacen sentirse a gusto.

Para sentirse a gusto con usted mismo...

- *Atrévase a tener intimidad emocional con otras personas.*
- *Aprenda a apreciar y a valorar su cuerpo.*
- *Valore su mente.*
- *Aprenda a expresar sus sentimientos.*
- *Disfrute sus éxitos.*
- *Aprenda de sus fracasos y errores.*
- *Haga tiempo para formular deseos.*
- *Atrévase a soñar.*
- *Atrévase a ser diferente.*
- *Respete sus limitaciones.*
- *Propóngase metas inmediatas y a largo plazo.*
- *Arriésguese a ser una persona abierta.*
- *Ríase incondicionalmente.*
- *Respétese a sí mismo.*

3. Reconozca sus conductas negativas. Todo ser humano necesita estar extremadamente atento a las diferentes formas de comunicación que practica. La honestidad debe ser la fuerza que guíe y le permita no sólo identificar patrones de comunicación inefectivas, sino también que le permita determinar cuáles son las mejores soluciones que lo conduzcan al cambio positivo. Si practica algunos de los siguientes tipos de conducta, entonces debe aceptar que actualmente se comunica inadecuadamente:

a) Cuando otras personas hacen o dicen cosas que hieren sus sentimientos, generalmente responde con algo que también los hiera.

b) A veces, cuando se enoja lo suficiente, no le importa si llega a ofender a la persona con quien está hablando.

c) Cuando alguna persona le desagrada, usted se lo hace saber sin rodeos.

d) Cuando considera que alguien merece ser insultado, usted lo hace sin sentir remordimientos.

e) Si considera que alguien posee un punto de vista equivocado, se lo dice sin importarle las consecuencias.

f) Cuando usted le comenta algo a alguna persona, no le importa si ésta entendió su mensaje, sólo le interesa comunicarlo.

g) Cuando está enojado(a) mientras habla con alguna persona, se le dificulta mantenerse calmado(a).

h) Tiene la tendencia a hacer enojar a otras personas con sus puntos de vista.

i) A veces se siente culpable por comentarios que les hace a otras personas, sin embargo, reprime sus sentimientos de culpabilidad.

j) Tiene la tendencia de traer a colación asuntos del pasado cuando discute con otras personas.

k) Si siente que alguien hiere sus sentimientos, usted no mide sus palabras, con tal de que la persona deje de hablar.

Parte del proceso de resolver problemas es aceptar nuestras propias debilidades y errores. Si realmente nos comportamos de la forma tan poco saludable mencionada anteriormente, entonces necesitamos aceptar la idea de que practicamos la mala comunicación y que lanzamos piedras. Esto le resta poder a la conducta. Saber lo que hacemos y aceptarlo como una realidad nos lleva al entendimiento que conduce al cambio.

4. Identifique las señales de aviso. Esto debe hacerse entre dos personas donde cada una elija una señal específica que pueda ser utilizada por ambos durante la comunicación, para saber cuándo ésta comienza a convertirse en negativa y se comienza a lanzar piedras. No debe esperar a que surja un ataque completo; la sensación de que un ataque está en camino es suficiente para comunicarle a la otra persona que los niveles de coraje se están incrementando. La razón por la cual estas señales son tan importantes es que los malos comunicadores generalmente no están conscientes de sus propios niveles de coraje. Por tanto, necesitan que alguien les sirva de espejo, para que puedan estar conscientes de los cambios en estos niveles. Las señales pueden ser desde mover una mano hasta un chiflido; cualquier cosa que sea seleccionada de mutuo acuerdo y que pueda lograr que las personas se enfoquen en sus niveles de coraje y en el proceso de la mala comunicación.

5. Tome "tiempo fuera". Cuando cualesquiera de los que, en una situación específica, llegue a sentir un incremento en la tensión, o se percata de que sus niveles de coraje aumentan, tomarse "tiempo fuera" es recomendable. Este proceso sirve para ayudar a las personas a tranquilizarse y a poner sus pensamientos y sentimientos en orden. Durante este tiempo cada persona va a un lugar específico de la casa donde pueda estar sola, o irse a caminar. Lo importante es tener en mente que cualquier cosa que ambos necesiten hacer para tranquilizarse, sea respetado por todos los participantes. El "tiempo fuera" puede ser de algunos minutos o hasta una o dos horas. Después de que logren tranquilizarse, deben regresar y continuar la conversación que tenían.

6. Identifique los factores precipitantes. Es importante que siempre que se pida "tiempo fuera", o si alguien le señala que la comunicación se está deteriorando, al detectar la presencia de piedras, cada uno debe identificar los factores que están incrementando en los niveles de coraje. Esto puede hacerse si cada persona envuelta en el proceso expresa lo que estaba sintiendo, justamente antes de que las primeras piedras comenzaran a lanzarse, o antes de que el nivel de tensión se incrementara. Ésta es una manera de descubrir qué situaciones activan y precipitan este mecanismo tan dañino. Es recomendable que cada persona comente cómo se sintió al tomar parte de la batalla de lanzar piedras, no sólo desde el punto de vista del lanzador, sino también del receptor o receptores. Esta es una oportunidad para comprender los sentimientos de otros más a fondo, al igual que reconocer los mecanismos que activan y precipitan estos ataques. Si se identifican antes de comenzar un ataque, tal vez este conocimiento sirva para prevenir que esta situación se repita.

7. Respete a los demás. Es esencial que durante la comunicación, cada persona muestre respeto hacia los demás y que sea lo más cortés posible, si la otra persona actúa de manera descortés e irracional. Este es el punto preciso donde la cortesía es más efectiva y, a su vez, más difícil de lograr. La decisión de ser cortés, sin embargo, no debe estar conectada a la manera en que la otra persona actúa, sino que cada quien debe ser cortés por respeto a la otra persona y a la relación en general. Esto es muy difícil para los malos comunicadores cuyas conductas hieren a la persona que consideran que los hirió. Esta situación requiere de autocontrol para poder lograr resultados. Es importante darse cuenta que al no respetar a la otra persona, estamos faltándonos el respeto a nosotros mismos, ya que la pelea sólo sirve para desvalorizarnos. También una forma de poner a prueba nuestro poder y control.

Tenga en mente que quien realmente tiene el control no necesita pasar su vida poniéndolo a prueba y asegurándose a cada momento que lo tiene; esta es una señal de inseguridad. Por tanto, respétese a sí mismo(a) primero. Haga esto respetando a las otras personas, aun cuando éstas no lo respeten a usted.

8. Establezca una rutina. Es extremamente importante crear una rutina donde se proponga un tiempo para llevar a cabo la comunicación adecuada, transparente, clara y simple. Cada persona debe ser honesta en su forma de comunicarse y señalar hacia qué rumbo desea ir. Esta es la oportunidad para que discutan y compartan asuntos y sentimientos en forma calmada en un ambiente neutral, antes de que éstos pasen por la transformación que los convierta en coraje y surjan las guerras de palabras. Sea lo suficientemente sensitivo para tomar tiempo para escuchar los problemas, necesidades y planes de los demás para ofrecerles apoyo sin juzgarlos ni castigarlos.

9. Comuníquese a nivel de sentimientos. La comunicación siempre debe ser abierta y a nivel de sentimientos, no de coraje. Las discusiones o conversaciones deben comenzar con *Cuando esta situación sucede, yo me siento…*, o *Estar en esta situación me hace sentir…*porque… Nunca se comunique a nivel de coraje (por ejemplo, *Yo creo que eres tan menso que…*, o *¿Cómo puedes ser tan estúpido?* Hablar a nivel de sentimientos es la base de la comunicación efectiva. Aunque sienta deseos de insultar a alguien, lo prudente es decir, *En estos momentos me siento como si quisiera insultarte, porque lo que me acabas de hacer me hizo sentir…* Siempre diga lo que siente. Si no lo hace, continuará practicando la mala comunicación al igual que en batallas de lanzar piedras; esto es el resultado de sentimientos no expresados, convertidos en coraje. Al decir la verdad sobre lo que siente, se deshace de la deuda emocional que pudo haber surgido.

10. Valore los aspectos personales de otros. Las personas que se comunican, siempre deben valorar mutuamente sus puntos de vista y opiniones con respeto. Valorarse mutuamente no significa tener que estar de acuerdo en todo, sino hacerles saber que escucha lo que dicen y que les ofrecerá todo el apoyo posible en el asunto. Ignorar o menospreciar los puntos de vista de otras personas hace que la comunicación se cierre, ya que éstas se sienten incomprendidas y no respetadas. Además, esto también los desvaloriza, y si es un mal comunicador, su reacción normal será defenderse mediante el lanzamiento de piedras. Por tanto, valorarse mutuamente ayuda a deshacer la mala comunicación.

11. Ofrezca sus comentarios. Es sumamente importante asegurarse de que el impacto sea igual al propósito durante la mala comunicación. Para lograr esto, deben intercambiar constantemente comentarios y opiniones sobre la forma en que están interpretando los mensajes. Por ejemplo, es buena idea decir, *Lo que estoy tratando de decir es… ¿Es eso lo que estás escuchando?* Esto no sólo clarifica la comunicación, sino que también sirve para valorar a la persona, y saber si comprendió el mensaje que usted trató de comunicarle. Este paso debe caracterizar todo tipo de comunicación.

12. Cambie. Debe estar abierto a la posibilidad de cambiar maneras antiguas, inadecuadas y poco efectivas de comunicación. Para muchos, el cambio puede ser difícil, ya que generalmente es fácil acostumbrarse a lo familiar, lo cual es un rechazo a las nuevas ideas. Para cambiar, usted debe *querer* cambiar. Dése la oportunidad de adquirir un mejor modo de comunicación, el cual mejorará su vida. Deje que el cambio tome lugar.

La expresión adecuada de sentimientos y la habilidad para comunicarse con efectividad están relacionadas directamente la una con la otra. Debemos comprender claramente que los sentimientos de dolor reprimidos, siempre encuentran expresión por medio del coraje, y éste por medio de la mala comunicación y las pedradas. El arte de la buena comunicación consiste en destruir la fuerza que crea la mala comunicación: el coraje. La comunicación no debe causar dolor ni herir. El propósito de ésta es acercar a las personas y no distanciarlas sin esperanza.

Los 12 pasos que conducen al arte de la buena comunicación:

1. *Elimine las agendas ocultas.*
2. *Deje de pelear por el poder.*
3. *Reconozca sus conductas negativas.*
4. *Identifique las señales de aviso.*
5. *Tome "tiempo fuera".*
6. *Identifique los factores precipitantes.*
7. *Respete a los demás.*
8. *Establezca una rutina.*
9. *Comuníquese a nivel de sentimientos.*
10. *Valore los aspectos personales de otros.*
11. *Ofrezca sus comentarios.*
12. *Cambie.*

Poniendo todo en perspectiva

Después de haber logrado comprender más a fondo todo este proceso de la mala comunicación y sobre el lanzar piedras, llegué a entender con mayor claridad aquel incidente que solía sucederme cuando apenas tenía yo nueve años de edad, junto con mi vecino. Durante aquel entonces existían toda una serie de factores que contribuían a esas terribles batallas de piedras que llevábamos a cabo, bajo lo que hoy conozco como el proceso de la mala comunicación.

Tanto mi vecino como yo nos manteníamos firmes en no expresar sentimientos. Ambos nos teníamos cierto antagonismo, sin embargo, ninguno de los dos jamás se tomó tiempo para examinar sus sentimientos ni reacciones; ninguno se tomó tiempo para hacer el esfuerzo para discutir tales asuntos. Tal vez ambos fallamos en la comunicación, ya que éramos bastante pequeños y carecíamos de experiencia sobre cómo poner en práctica las destrezas y técnicas apropiadas para comunicarnos adecuadamente. Tal vez ambos estábamos llenos de dolor reprimido y convertido en coraje, el cual no nos permitía ver más allá de la rabia. Tal vez ambos éramos hijos de familias que no conocían lo suficiente acerca de la buena comunicación y, por tanto, no conocíamos otro modo de comunicarnos que no fuera inadecuado. Posiblemente fue una combinación de todas las razones mencionadas. Sin embargo, lo que sí es cierto es que nunca llegamos a discutir ni a compartir nuestros sentimientos, por eso éstos continuaron reprimidos y "fermentándose", para convertirse en coraje durante varios años. Éste creció con el tiempo, hasta encontrar expresión por medio de pedradas.

Y aunque yo logré trabajar con mis propios sentimientos por medio de la técnica que sugiero en el capítulo 4, "Lidiando con los fantasmas"; fue hasta ese entonces que pude deshacerme de la mayoría del dolor emocional del pasado, lo cual me permitió desahogar el coraje que llevaba dentro, reprimido por tantos años y el cual controlaba mis sentimientos.

Sin duda alguna, yo era un mal comunicador. Lanzaba piedras cuando me sentía herido, expuesto o sentía que se burlaban de mí. Mi dolor emocional era demasiado intenso, lo cual impedía que saliera a la superficie a nivel consciente. Por tanto, me convertí en protector de mis propias debilidades y áreas sensibles. Lanzar piedras hizo que yo creara enormes paredes que no me permitían desarrollar una buena amistad con mi vecino. De este modo, nuestra amistad nunca pasó de un juego casual aquí y allá.

Más adelante, cuando me interesé más en el proceso de la comunicación, pude identificar claramente muchas de mis agendas ocultas, las cuales continuamente surgían dentro de las guerras de palabras que estaba acostumbrado a sostener.

Nuestras peleas por el poder eran intensas y ridículas. Hoy día no tengo la menor idea de cómo estará o se sentirá ese niño, el cual ahora debe ser un hombre en sus treinta y tantos años, ya que hace veinticuatro años que dejé de verlo. Sin embargo, por mi parte puedo reconocer que mis peleas por el poder tenían su raíz en grandes sentimientos de inseguridad y bajo nivel de autoestima en ese entonces. Todo esto ha cambiado. Yo he cambiado. El cambio es posible.

Usted también puede cambiar. También tiene derecho y posibilidad de entrar a este *buffet* de la vida y elegir todas las cosas buenas que ésta brinda y pone a su disposición. ¡Elija! ¡Disfrute!

Existe la esperanza. Ésta, la fuerza, la determinación y la última decisión la tiene **usted.**

Índice analítico

Adolescente
  comunicación con el, 65
  disciplina del, 65
  pedradas del, 64-66
    características de las, 66
Adultos
  hijos de malos comunicadores, 143-144
  pedradas de los, 66
    tipos de, 69
  peleas de poder de los, 113
    con niños, 114-115, 117
Afecto
  expresión de, 19
  fomento del, 147
Agendas ocultas, 86
  consecuencias de las, 81
  definición, 87
  efectos de las, 87
  eliminación de, 93-95, 146-147
  identificación de las, 93
  origen de las, 87-90
Agresión
  instinto de, 32-33
    causas del, 32-33
    control del, 33
  respuesta a la, 58
  violencia y, 103
Amor incondicional, 122-123

Angustia, sentimiento de, 32
Argumentos, pelea de poder por, 108
Autocompasión, pelea de poder por, 110-111
Autocontrol
  acciones de, 68
  coraje y, 83, 84t, 85
Autodisciplina, estímulo de la, 119-120
Autoestima
  daño de la, 69
  destrucción de la, 108
  fomento de la, 147
  percepción de la, 102-103

Buena comunicación. *Véase* Comunicación, buena
Burlas personales, 81

Campo externo
  definición, 99
Cansancio, 120
Caras de los sentimientos, 132-135
  uso de las, 136-143
Carta, perdón por, 97-98
Castigos
  suspención de los, 128-129
  y mala comunicación, 118-119
Celos de los niños, 121

Ciclo de los sentimientos, 22
Comentario, intercambio de, 151
Comportamiento
    elección del, 128
    mal, causas del, 120-121
    modificación del, 146-152
    percepción de nuestro, 145
    supervisión del, 127
Comprensión hacia los hijos, 123
Comunicación
    arte de la, 9
    con el adolescente, 65
    coraje en la, 7-9
    deterioro de la. *Véase también* Filtros de la comunicación
        detectar el, 149
    filtros de la, 44-47
    formas de, 55
    práctica de la, 21
    propósito de, 43
Comunicación, buena
    características de la, 43-44
    estimulación de la, 119
    influencia de la, 118-119
Comunicación, mala
    aprendida, 33-34
    bases de la, 55
    características de la, 54
    causas de la, 10
    origen de la, 8-9
    práctica de la, 55-56
    propósito de la, 53
    raíz de la, 35
    solución a la, 34-35
Conducta(s)
    definición de la, 128
    estimulación de la, 119
    identificación de la, 148
    no verbales, 79
        características de las, 79
Control
    acciones de, 68
    batallas de, 64-65
    búsquedas de, 107-108
    coraje y, 83, 84t, 85
    de agendas ocultas, 94-95
    de los padres, 117
    del comportamiento, 128

grados de, 84t
niveles de, 68
toma de, 73
Coraje
    ciclo del, 24
    comunicación por el, 7-9
    de los niños, 121
    desahogo del, 34
    dolor emocional y, 22
    expresión del, 55
        características de la, 55-56
    influencia en el, 82-83
    reacciones causadas por el, 21, 32
        solución a las, 33
    represión del, 31-34
Cuerpo
    movimientos del, 8
        interpretación del, 66
    señales del, 20-21
Culpa, sentimiento de, 23

Debilidad(es)
    análisis de, 66-67
    burlas de las, 81
    de los padres, 62
    encubriendo las, 102
    reacciones de la, 57-58
    señales de, 22
Depresión, causas de la, 23
Desquite, expresión del, 23
Dibujos para expresar sentimientos, 132-134
Disciplina
    castigo y, 118-119
    de los niños, 114-115
        dificultades de la, 117
    hacia el adolescente, 65
    importancia de la, 121
    influencia de la, 122
    sin dolor, 115
        objetivos de la, 119-120
Dolor
    disciplina sin. *Véase* Disciplina
    emocional
        coraje y, 22
        del pasado, 77
        efectos del, 28

ejemplo del, 27-31
  expresión del, 22, 53, 59
físico
  ejemplo de, 25-27
perdón al, 23
raíz del, 23
reprimido, 22

Emociones
  defensa de las, 58
  percepción de, 17
Expresión
  autocontrol de la, 33-34
  de afecto, 19
  de dolor, 22-23
    emocional, 22, 53
  de sentimientos, 17-18
    dibujo y, 132-134
    dificultad para la, 35
    práctica de la, 55-56
  del desquite, 23
  falta de, 53

Familia
  división de la, 125-126
  estructura de la, 120
  límites de la, 117
    importancia de los, 123-124
  pedradas hacia la, 60
  referencias de la, 80
  reuniones de la, 126-127
Filtros de la comunicación, 87
  análisis de los, 51
  características de los, 44-45
  definición, 45
  importancia de los, 51
  influencia de los, 82
  objetivos de los, 44
  proceso de los, 48f
  reacciones por el, 67-68
Fotografía, perdón ante una, 97

Gestos
  del cuerpo, 8
  del rostro, 8

Hombre, sentimientos del, 19-20
Honestidad, extremos de, 75
  características del, 75

Impacto de la comunicación, 43
  negativo, 57
Inconsciente, represión de senti-
    mientos al, 17
Independencia, estímulos hacia la,
    124
Infancia, pedradas en la, 60-61
  características, 61
Información
  reciclaje de la, 88
  transformación de la, 47
Inventario de sentimientos, 135
  aplicación del, 136-137

Lenguaje
  de los sentimientos
    dominio del, 131-132
    enseñanza del, 132
    entendimiento del, 20
    importancia del, 150
  desarrollo del, 10
Liberación
  de sentimientos, 58-59
  puntos de, 59

Madres fantasmas, 18
Mala comunicación. *Véase* Comuni-
    cación, mala
Mensajes
  distorsión del. *Véase* Filtros de la
    comunicación
  impacto del, 43
  importancia de los, 43-44
  incompletos, características de
    los, 44
  negativos, 53
  propósito del, 43
    importancia del, 52

Negativas, personas
  características de las, 104
  externos, 100
  internos, 100
Niños
  atención hacia los, 123
  capacidad de los, 122
  disciplina de los, 112-113
  educación del, 10

ejemplos de los, 125
límites de los, 117
estimulación de los, 119
mal comportamiento de los, 120
pedradas de los, 61-64
peleas de poder de los, 112-113
sentimientos de los
expresión de, 132-135
inventario de, 135-136

Padres
atención de los, 123
cooperación de los, 125-129
deberes de los, 122-125
desafío hacia los, 62
fantasmas, 18
peleas de poder de los, 114-115
Palabras
expresión sin, 56
guerra de. *Véase también* Pedradas
evitando la, 146
Paranoia, 101
causas de la, 101-102
Parentificación, 118
Pasado
recordando el, 77
reprimido, 87
Pedradas, 7-8, 22
arsenal de, 99
batallas de, 88
características de las, 59-60
como expresión, 55-56
definición, 57
el desarrollo y las, 59-66
propósito de las, 8, 57-59, 102
tipos de, 69-81
uso de las
determinación del, 66-69
Perdón
ante una fotografía, 97
de los ausentes, 95-97
importancia del, 23
por carta, 97-98
Piedras. *Véase* Pedradas
Poder
concepción del, 105
peleas por el, 62, 107

evitando las, 147
tipos de, 108-111
Positivas, personas
características de las, 100
externos, 99-100
internos, 100
pedradas de, 100-101

Realidad, interpretación de la, 66
Recompensas
disciplina y, 124
tipos de, 129
Recuerdos, recriminación de, 77
Referencias negativas, 80
características de las, 80
Relación humana, fracasos de la, 9
Relajación, ejercicio de, 95-97
Rendición, pelea de poder por, 111
Represión de sentimientos, 17
causas de la, 17-20
de coraje, 31-34
de los niños, 60-64
Respeto, fomento del, 149-150
Responsabilidad, estímulo de la, 125
Rostro, gestos del, 8

Sentimientos
caras de los, 134-135
uso de las, 136-143
ciclo de los. *Véase* Ciclo de los sentimientos
compartiendo los, 124
desconocidos, 20
importancia de los, 20-22
influencia en los, 82-83
inventario de los, 135-136
aplicación del, 136-137
liberación de, 58-59
negación de, 107
percepción de, 17
presencia de los, 21-22
represión de. *Véase* Represión de sentimientos
significado de los, 140-141
vocabulario de, 141-142
Silencio, método del, 8
características del, 69-70
reacciones al, 70

Silla vacía, 95-97
Soledad
   relajación en la, 95-97
   pedir tiempo de, 149

Venganza, sentimiento de, 23

Víctimas inocentes, 23
Vida, elecciones de la, 5-6
Violencia
   agresión y, 103
   reacciones de, 32-33
Vulnerabilidad, señales de, 22

La publicación de esta obra la realizó
Editorial Trillas, S. A. de C. V.

División Administrativa, Av. Río Churubusco 385,
Col. Pedro María Anaya, C. P. 03340, México, D. F.
Tel. 56884233, FAX 56041364

División Comercial, Calz. de la Viga 1132, C. P. 09439
México, D. F. Tel. 56330995, FAX 56330870

Se imprimió en
Impacto en Medios Publicitarios, S. A. de C. V.
BM2 100 TW